TU CAMINO HACIA EL AMOR

TU CAMINO HACIA EL AMOR

CONSTRUYE RELACIONES SANAS SIN PERDERTE EN EL INTENTO

ADRIÁN CHICO
@itsadrianchico

BRUGUERA

Papel certificado por el Forest Stewardship Council®

Primera edición: febrero de 2025

© 2025, Adrián Chico
© 2025, Penguin Random House Grupo Editorial, S. A. U.
Travessera de Gràcia, 47-49. 08021 Barcelona
Imágenes de interior: iStock

Penguin Random House Grupo Editorial apoya la protección de la propiedad intelectual. La propiedad intelectual estimula la creatividad, defiende la diversidad en el ámbito de las ideas y el conocimiento, promueve la libre expresión y favorece una cultura viva. Gracias por comprar una edición autorizada de este libro y por respetar las leyes de propiedad intelectual al no reproducir ni distribuir ninguna parte de esta obra por ningún medio sin permiso. Al hacerlo está respaldando a los autores y permitiendo que PRHGE continúe publicando libros para todos los lectores. De conformidad con lo dispuesto en el artículo 67.3 del Real Decreto Ley 24/2021, de 2 de noviembre, PRHGE se reserva expresamente los derechos de reproducción y de uso de esta obra y de todos sus elementos mediante medios de lectura mecánica y otros medios adecuados a tal fin. Diríjase a CEDRO (Centro Español de Derechos Reprográficos, http://www.cedro.org) si necesita reproducir algún fragmento de esta obra.

Printed in Spain – Impreso en España

ISBN: 978-84-02-43040-3
Depósito legal: B-21.237-2024

Compuesto en Comptex & Ass., S. L.
Impreso en Huertas Industrias Gráficas, S.A.
Fuenlabrada (Madrid)

BG 30403

*A todas las personas que no me quisieron bien, habéis sido mis mayores maestros. Gracias a vosotros, ahora estoy preparado para amar y ser amado de forma sana.
Y a mí mismo, gracias por ser mi mejor amigo y estar siempre ahí.*

ÍNDICE

Introducción. ¿Estás leyendo en el lugar correcto? . . .   11
Antes de empezar a leer   19

1. Te presento a tu mejor amigo   21
2. ¿Hay que estar preparado para una relación?   41
3. ¿Las relaciones surgen o se buscan?   53
4. ¿Qué tipo de relación quieres? O, mejor dicho,
¿qué tipo de relación es la más adecuada para ti? . . .   67
5. Qué busco en una pareja y otras preguntas que
todos deberíamos hacernos   88
6. ¿Qué tipo de apego tienes y qué te conviene en
una relación? 105
7. Algunos mitos del amor romántico y cómo nos
la han colado 140
8. Levanta la bandera: las famosas *red* y *green flags* 152
9. El mundo de las apps de citas y las redes sociales . . . 179
10. Las estrategias de manipulación más comunes
y cómo hacerles frente 194

11. Situaciones que pueden dificultar la búsqueda
de pareja 215

Epílogo. Reflexiones finales sobre el maravilloso
arte del amor 239
Agradecimientos 247
Bibliografía 249

INTRODUCCIÓN
¿ESTÁS LEYENDO EN EL LUGAR CORRECTO?

Si este libro ha llegado a tus manos es porque probablemente seas una persona muy reflexiva y deseas encontrar respuesta a todas esas preguntas sobre el amor que te planteas a raíz de lo que ves en el cine, en las redes y al pensar en tu propia historia vital. ¿Cómo es una relación sana? ¿Está alterado mi concepto de amor? ¿Estoy preparado para una relación? ¿Entiendo las señales correctamente? ¿Me quiero de forma sana, para poder así querer a alguien? Antes de continuar, he de avisarte de que estás a punto de adentrarte en un viaje muy profundo de autoconocimiento y confusión existencial, en el que vas a perderte y encontrarte, deconstruirte y evolucionar.

Qué ganas, ¿no?

Si decides seguir adelante, que sepas que aquí no encontrarás un libro al uso sobre consejos y técnicas para conseguir encontrar a «la persona indicada», sino que más bien emprenderás **un viaje que te llevará a reflexionar y trabajar sobre tu forma**

de entender el amor saludable y la gran importancia que tienes como actor principal en esa búsqueda. En este recorrido, al igual que la Luna en sus fases, pasarás por sentirte plenamente lleno en ocasiones, en estado de crecimiento y grandeza en otras, para luego menguar y sentirte pequeño en momentos clave, y al fin desaparecer en tu versión anterior para emerger de nuevo con cada cataclismo o viraje vital.

Mi objetivo es que no temas todas estas fases, que no las evites, y que **aprendas a transitarlas entendiendo su porqué y sin miedo a evolucionar.** Como te decía, este no es un libro de relaciones al uso, porque aquí vamos a hablar de todo ese proceso previo a vincularte con una persona: esa parte individual de la que nadie habla, pero que te puede salvar de muchos disgustos futuros y experiencias fallidas.

Saber gestionar un vínculo o saber cómo comunicarse es útil, pero es fundamental saber escoger a la persona indicada, descartar a la que no lo es, reconocer tu momento vital y ser consciente de tus limitaciones y necesidades.

Si esto fuese un libro de cocina, no te explicaría los ingredientes de una lasaña y cómo cocinarlos: te enseñaría por qué la lasaña es un plato que querrías hacer, cómo debes prepararlo, las propiedades y el porqué de cada ingrediente, dónde conseguirlos, qué marcas te recomiendo y cómo podemos lograr que disfrutes haciéndola en lugar de agobiarte. De esta forma, cuando llegues a la receta, te sentirás con consciencia y muchísima tranquilidad. **El amor es igual, y si cuidamos el proceso previo, el plato final sabe mucho mejor.**

Antes de empezar, **me apetece hablarte un poco sobre mí**, ya que quiero que vibremos en sintonía a lo largo de este libro y por ello creo que debemos conocernos. Técnicamente, y según la universidad, soy psicólogo, sexólogo clínico y terapeuta de parejas, pero, para mí, siempre seré solo un niño curioso y muy apasionado por comprender las relaciones humanas, un folio en blanco loco por absorber y aprender. Desde pequeño me sentaba en un banco del parque que había al lado de mi casa con una libreta y apuntaba lo que me llamaba la atención de las personas; me preguntaba por qué hacían lo que hacían, necesitaba entender a esas parejas que paseaban por la calle o cenaban juntas en un restaurante: ¿por qué no hablaban o no se reían? ¿Por qué se acariciaban y se miraban a los ojos, mientras que mis padres nunca lo hacían?

Poco a poco fui respondiendo muchas de estas preguntas, en parte gracias a las decenas de libros de psicología que leí antes de los dieciocho años. A esa edad emprendí mi primer viaje en solitario por amor, nada más y nada menos que a Nueva Zelanda, donde todo se torció y tuve una ruptura traumática que me llevó a recorrer el país en soledad a lo largo de dos meses, y durante los cuales viví una situación cercana a la muerte. Cuando superé aquel viaje me sentí lleno de vida y pasión; también sentí que la carrera que estaba haciendo en aquel momento (Derecho) no era para mí, y que la psicología debía convertirse en algo más que un hobby. Desde aquel entonces he viajado a cuarenta y tres países más en solitario, y en cada uno he descubierto algo nuevo y diferente sobre mí mismo; he crecido. En esos viajes me he preguntado muchísimas veces si alguien sería capaz de dar respuesta a todas esas preguntas que me hacía y de condensarlas en una guía que pueda serle útil a otras personas; **y de una mezcla de esas vivencias y esos aprendizajes nace este libro.**

Me considero una persona inconformista, y eso implica que mi única aspiración con este texto es crear una llave maestra que nos abra a los dos muchas nuevas puertas, sin que en ningún caso el viaje acabe aquí.

> **Recuerda que cuando una planta deja de florecer en primavera es señal de un final, y nuestro mundo interior puede ser una constante primavera si estamos abiertos a explorar. Y no sé tú, pero yo pienso seguir floreciendo por muchos años más.**

Mi libro, al igual que el trabajo que llevaremos adelante, se divide en **dos partes: una más relacionada con un proceso individual y personal, enfocada hacia dentro, y otra más dirigida a los demás y nuestra manera de relacionarnos con ellos y entenderlos, enfocada hacia fuera**. En cada parte exploraremos una etapa diferente, que será necesaria y valiosa para poder construir un vínculo personal y de pareja sano. Voy a profundizar muchísimo en la parte de vínculo «personal», porque creo que hasta que nuestra relación con nosotros mismos no se vuelva un equipo invencible, ninguna otra podrá funcionar, y de eso precisamente va este libro, de entender que **la verdadera clave para una relación de pareja funcional y bonita radica en la relación más importante que tendremos en nuestras vidas, la que tenemos con nosotros mismos**.

Como te comentaba al principio, llevo muchos años viajando solo por el mundo para encontrar respuestas; de hecho, mientras escribo estas líneas me encuentro en la isla de Barú, en

Colombia, en una cabaña en medio del océano con la única compañía de mi bolígrafo y este libro aún sin terminar. Me quedan todavía muchos destinos en este viaje, e iré escribiendo desde distintos lugares inspirado por la magia de nuestro mundo. Durante estos años, he tratado pacientes y he visto personas de los lugares más remotos del planeta, y cuanto más me alejo de mi zona de confort, más encuentro la misma incógnita una y otra vez: ¿por qué la fuerza más poderosa y hermosa que mueve el mundo (el amor) nos atormenta e intriga, independientemente de nuestras circunstancias? ¿Cómo algo aparentemente tan sencillo y bonito, que nos produce muchas de las mayores alegrías de nuestras vidas, puede también destrozarnos en cuestión de segundos?

Estoy seguro de que en algún momento de tu vida has tenido algún problema relacionado con el amor, ya sea por sentirte perdido o solo, o por preguntarte cosas sobre ti mismo y la forma de actuar de los otros. **Seguro que sentiste miedo, porque no comprender la fuerza más poderosa que mueve el mundo genera esa sensación.**

Recuerdo bien mi miedo, hace un año, minutos antes de tener la primera sesión con un paciente refugiado a raíz de la guerra en Ucrania, cuando me preguntaba si sería capaz de hacer frente a los grandes horrores que ese hombre habría pasado en su vida, si sería más sabio derivarlo y si el chico sabría a qué tipo de terapeuta había acudido (en mi caso, a uno especializado en la parte sexoafectiva de las relaciones humanas y no en trauma complejo). Para mi sorpresa, su preocupación radicaba en el futuro de su relación con una chica que había conocido en un centro de acogida, y que junto con otro chico que quería cortejarla había sido destinada a Barcelona, a diferencia de él, que le había tocado Madrid. No se veía capaz de superarlo ni de controlar sus celos; le resultaba económicamente imposible viajar a verla, y no podía emplear sus fuerzas para adaptarse a un nuevo entorno, sabiendo que ella quizá le estaba olvidando. En definitiva, un caso de ruptura o de distancia al uso, algo que en la terapia veo diariamente. Me quedé estupefacto aquel día, ¿cómo era posible que, con lo que ese chico estaba viviendo, todo se redujese al amor?

Sentirnos queridos por los demás y sentir que tenemos algo a lo que amar nos da energía para vivir.

Ante estas constantes señales de la vida y mis buenas experiencias anteriores, el año pasado decidí emprender un viaje por distintos países, en el que tuve como objetivo hablar sobre el amor con todas las personas posibles para ver a qué conclusión llegaba. La conclusión no fue nada sorprendente, a todos nos preocupa lo mismo. Todos queremos saber si seremos capaces de ser queridos y querer profundamente a largo plazo, si podremos construir algo valioso con alguien, si no acabaremos solos. Necesitamos sentirnos comprendidos y vistos realmente, sentirnos incondicionalmente aceptados, pero no sabemos cómo y ni siquiera si lo merecemos.

Pero lo cierto es —y siento si esto te decepciona— que no existe una fórmula mágica para abordar este tema, no existe un documento con los *tips* o consejos para lograrlo con un cien por cien de eficacia (y quien diga lo contrario miente o peca de un simplismo reduccionista). Pero hablando de realismo, y antes de que pierdas la esperanza, sí puedo decirte que tras muchos años estudiando la mente humana y el amor, leyendo a miles de expertos en la materia y atendiendo a muchos pacientes, sí sé con certeza que existen ciertas pautas, aprendizajes y claves que pueden ayudarnos a construir vínculos sanos y estar preparados para crearlos y mantenerlos con gran probabilidad de éxito.

Si sientes o has sentido que haces algo mal, que la culpa de todas tus desgracias amorosas eres tú, que no sabes vincularte, que eres defectuoso o que hay algo malo en ti, en este libro me voy a encargar de desmontar todo ello y te ayudaré a diseccionar esa maraña de cables que te hacen pensar así, para que puedas encontrar las respuestas que buscas.

¡No sabes la ilusión que me hace compartir todo esto contigo! Eso sí, para que este libro cumpla su cometido te invito a que en cada capítulo te pares a reflexionar y analizar. Por ello, te pido que no leas de forma automática y que mantengas la mente abierta para cuestionarte cosas, no des nada por sentado y sobre todo acepta que estamos en continuo crecimiento, mejorando cada día.

Vamos a ello.

ANTES DE EMPEZAR A LEER

SOBRE LOS RELATOS Y EJEMPLOS DE CASO

En este libro recojo muchas experiencias que he vivido en primera persona, así como relatos basados en hechos reales de algunas de las personas que acompaño o he acompañado en la terapia durante estos años. Aunque todos me han dado permiso para compartir sus vivencias, sus historias están ligera o sustancialmente modificadas con la intención de salvaguardar y respetar su privacidad e intimidad.

Los nombres que he usado en dichos relatos son ficticios, por lo que cualquier parecido con la realidad es mera coincidencia.

SOBRE LA GRAMÁTICA

En la escritura de este libro he empleado el masculino genérico para facilitar la lectura, pero quiero que sepas que el contenido de estas páginas está dirigido a un público amplio, sin importar su género u orientación sexual, con el fin de que pueda servir como herramienta y apoyo para cualquiera que llegue a él. Espero que te ayude a encontrar lo que tu corazón anhela.

1
TE PRESENTO A TU MEJOR AMIGO

El título de este capítulo probablemente te genere dudas. Tal vez te estarás preguntando: ¿qué tiene que ver mi mejor amigo con mi búsqueda del amor? ¿Acaso mi pareja actual, o futura, debe ser mi mejor amiga? ¿Y qué pasa si no es así? Entonces, ¿quién debe ser mi mejor amigo?

> **Quizá esto te sorprenda en un libro sobre el «amor», pero, en realidad, la persona de la que estoy hablando es de ti: tú eres ese amigo al que me refiero y eres la base de todo. Y este es el punto desde donde debemos partir, el amor desde el que todo empieza y del que depende el éxito de tu futura relación: el amor propio.**

Durante todos mis viajes en solitario, me encontré con muchas personas en el camino intentando sanar sus heridas, reconciliarse consigo mismas, encontrarse o superar una ruptura. Algo en lo que reparaba en cada conversación es que muchos, yo incluido, teníamos la esperanza o ilusión de dar con una historia de amor por el camino, una de esas que te consumen y te hacen vivir intensamente. Era la romantización del proceso, a pesar de que todos habíamos salido de casa para seguir un camino de autoconocimiento, o conocer a alguien con quien compartir el viaje, lo cual era una gran ilusión. Curioso, ¿no? Pero ¿qué le voy a mostrar al otro si aún no me conozco? ¿Cómo sé si le gusto de verdad si ni siquiera sé si estoy siendo yo de verdad? ¿Quién soy? ¿Qué necesito?

No está mal tener la necesidad de vincularse, eso es humano. El problema de esto es que muchas veces te hace orientar tus energías y búsqueda hacia fuera, en un viaje que debería empezar desde dentro. Durante el 90 por ciento de ese tiempo lejos de casa, al final solo estaban mis pensamientos y mi propia compañía; me daba cuenta de que hiciera lo que hiciera, al final del día solo quedaba yo, que así iba a ser por el resto de mis días, y que la única cosa impermanente e inmutable era tener que convivir conmigo mismo. ¿Y qué me parece a mí compartir mi vida con esa persona que llevo dentro? ¿Me llevo taaaan bien con ella como para pasar la vida juntos? (Porque lo cierto es que no me queda otra, y si no es así, más me vale empezar a trabajar en ello). Parece elemental lo que digo, pero te pido que vuelvas a leerlo, cierres los ojos y seas consciente de tu compañía silenciosa, porque nunca has estado ni estarás solo, y esa voz interna marca cada día de tu vida.

Por eso es tan importante que te lleves bien con tu compañero silencioso, que te plantees cuánto tiempo dedicas a cultivar y trabajar la relación más larga y valiosa de tu vida en comparación con las demás.

Este cliché tan obvio es en el que más personas fallan. Si no aplicas esto en tu vida, es como si antes de empezar hubieras acabado con todas tus opciones de ganar. Imagina un corredor, o una corredora, que se prepara para participar en una maratón con ambas piernas rotas, sería totalmente demencial, ¿no? Pues lo mismo ocurre cuando hablamos del amor.

Antes de poder siquiera pensar en construir una relación con alguien, tienes que haber construido una verdadera relación de comunicación, aceptación, sinceridad y respeto con esa persona que habita dentro de ti. Y aunque esta es una frase que tanto los expertos como el resto repetimos una y otra vez, no terminamos de entender ni **el porqué, ni el cómo, ni mucho menos el para qué de lo que implica una afirmación así.**

Así que aquí me he propuesto justificar estas ideas y, a su vez, profundizar en cada uno de estos aspectos.

¿POR QUÉ DEBO CONVERTIRME EN MI MEJOR AMIGO ANTES DE VINCULARME CON OTRA PERSONA DE FORMA ROMÁNTICA?

La verdad es que esta pregunta esconde cierta trampa, ya que en realidad deberíamos buscar tener la mejor relación con nosotros mismos antes de construir **cualquier tipo de vínculo,** pero la importancia de esto es aún mayor con el vínculo de pareja, dada la profundidad que esta requiere.

Cuando estás vinculándote con alguien, desarrollando una relación personal, y en especial si se trata de una vinculación profunda como es el caso del amor, necesitas ser completamente auténtico y sincero, necesitas **ser visto**. Y esto es una de las bases para poder sentirte querido; pero, paradójicamente, para permitir dejarte querer, también se requiere de muchísimo amor propio, autoconocimiento y valentía, y ahí entra en juego tu relación interior. Me explicaré en detalle y de forma sencilla, porque este concepto es uno de los más importantes, y entenderlo te abrirá muchas puertas.

Cuando nos exponemos al mundo, muchas veces mostramos una mezcla de traumas, barreras, muros, disfraces y camuflajes que hemos creado a lo largo de los años para ser deseables, queribles, agradables y tolerables para los demás. En definitiva, mostramos una fachada adornada y bonita con la que creemos que el mundo va a aceptarnos, escucharnos y vernos; una versión de nosotros socialmente aceptable y potencialmente merecedora de ser querida.

Hacemos todo esto por algo que se conoce como «esquemas nucleares», un término acuñado por el psicólogo Aaron Beck, creador de la terapia cognitiva, que nos explica que son un conjunto de creencias básicas que influyen directamente en nuestra manera de interpretar el mundo, las emociones que sentimos y los comportamientos que tenemos. Estos esquemas pueden ejercer un efecto positivo o negativo sobre nosotros, y son considerados centrales para la comprensión de nuestra conducta, afectando a cómo procesamos la información y respondemos a las demandas vitales. Si habéis visto *Inside Out 2*, son esas ramas del árbol de creencias que tenía Riley, la protagonista de la película, que expresaban ideas como: «No soy lo bastante buena»,

«Soy una buena persona», «La gente te ayuda cuando se lo pides», «No puedes esperar nada de nadie», «Si saco buenas notas, mis padres me querrán más», etc.

Tenemos la arraigada y profunda creencia de que, por algún motivo, mostrarnos al cien por cien nos traerá rechazo por parte de los otros, o eso hemos aprendido tras muchas experiencias. Quizá tu madre te solía decir: «Con ese carácter no te va a aguantar nadie», o una amiga te dijo alguna vez: «Hacer eso es una condena social, nadie lo va a aceptar», y sin darte cuenta, poco a poco, fuiste reprimiendo partes de ti, creyendo que en eso consistía madurar. Así, cada vez que alguien hacía un comentario de este tipo, o viste una mirada de desaprobación de tus padres, ibas comprendiendo que esa parte era mejor guardarla, te ibas adaptando a esa deseabilidad social, es decir, a ser como los demás quieren que seas para encajar. Pero hacer esto, lejos de ayudarte, muchas veces te lleva a confundir quién eres y a sentirte desconectado y poco visto por los demás.

A mí nunca me gustó jugar al fútbol; en cambio, me gustaban las artes marciales, eran mi pasión. Veía películas de guerreros y quería aprender a pelear como ellos. Pero en mi colegio solo se jugaba al fútbol; y el hecho de que no me gustara me traía problemas con mis compañeros, mis padres me decían que tenía que jugar para encajar mejor y así, cada vez que lo forzaba, me sentía más perdido y más desconectado conmigo. Era obvio que no era bueno para ese deporte, era obvio que no lo disfrutaba y era aún más obvio que para hacer amigos tenía que conectar con ellos en gustos y pasiones, por lo que al final del día me sentía solo.

¿Cuántas cosas hemos ido cambiando en cada lugar para poder encajar, sacrificándonos por el camino?

Durante el proceso complicado que es nuestra experiencia vital, todos hemos construido una personalidad basada en lo que hemos aprendido que gusta y encaja, y hemos ocultado una parte que sabemos que no es tan sencilla de aceptar, una parte que muy poca gente tiene la suerte de poder ver. Deja que te explique esto con una metáfora muy sencilla e ilustrativa que uso en la consulta.

Imagina que tienes una bonita casa, que la has decorado con muchísimo amor y has puesto cada parte de tu alma, dinero y cariño en ella. Te encanta invitar a tus amigos y presumir de ella, les enseñas la cocina, el salón y el jardín; todo eso es visitable y está ordenado para el público.

No obstante, hay una pequeña habitación, la tuya, donde no dejas entrar a nadie. Está llena de cajones cerrados bajo llave, armarios que nadie puede abrir, tu diario y hasta un tendedero de ropa interior que has guardado rápidamente para que no vean tu ropa íntima. Pero esa parte también eres tú —esa parte también es tu casa— y por ende tus invitados no pueden hacerse una idea real de la casa sin verla en su totalidad, ni tú puedes sentirte plenamente orgulloso sabiendo que has ocultado una parte.

> **Tu casa es todo, y una pareja no se puede construir de manera plena sin enseñar ese todo. ¿Vas entendiendo por dónde voy?**

Por eso, si ocultamos esa parte de sombra, que desde nuestro punto de vista es intolerable, nunca podremos sentirnos plenamente queridos. Y a veces es duro pensar que si alguien supiera todo de nosotros, si verdaderamente nos conociese, quizá nos habría rechazado frontalmente. Por eso hablo del hecho de que tu amigo más íntimo (con el que vives cada día) se convierta también en tu mejor amigo, al que quieres y aceptas de manera incondicional.

Aunque puede suponer un gran esfuerzo, debemos aceptar, abrazar y hacer las paces con aquellas partes de nosotros que no nos gustan tanto o que creemos que van a generar rechazo en la persona que tenemos delante, pues todas ellas, junto con las luces, nos convierten en lo que somos.

Si tú no aceptas esas partes de ti, no vas a poder permitir que otros las vean en todo su esplendor, y entonces serás vulnerable a la mínima crítica o rechazo que hagan de las mismas, incluso, y sobre todo, de las que provengan de ti.

Abrazar las sombras

Una de las cuestiones que últimamente me tiene más pensativo se relaciona con las sombras, es decir, por qué sentimos que nuestros defectos son algo que debemos ocultar y cómo nos martirizamos pensando que, al conocer a alguien, esa «sombra» será lo que el otro acabará descubriendo; temiendo que lo haga y entonces decida que no somos «suficiente», que todo lo bueno que hemos mostrado es una farsa, como si estuviéramos fingiendo.

Está claro que lo que es un defecto para mí (que alguien fume, por ejemplo) quizá para ti es irrelevante. Pero hay defectos que no admiten discusión, defectos que nos avergüenzan hasta el punto de esperar que, con suerte, la otra persona nunca los descubra. En ese proceso de focalizarnos en esconder esos defectos o sombras, nos olvidamos de ser conscientes de todo lo bueno que tenemos. **Por eso desde hace años hago un esfuerzo diario por fijarme en lo bueno que tiene la gente, por determinar qué hace que alguien sea especial.** En cada uno de mis pacientes necesito descubrir eso que lo hace especial y admirarle en algún sentido antes de empezar el trabajo de terapia, porque esa mirada que proyecto en él le ayudará a crecer. Y después de unos cuantos años me di cuenta de algo que no falla:

> **Tus luces —esas cosas que te hacen especial— brillan muchísimo más fuerte de lo que crees, y tus sombras —las partes que tratas de ocultar— son mucho más queribles y tolerables de lo que parecen. Así que no te pierdas el maravilloso camino de disfrutar viendo cómo tu luz brilla con fuerza por estar demasiado ocupado en intentar tapar tu oscuridad.**

En mi consulta, trabajo con pacientes de toda orientación sexual y género; y durante mis años como profesional de la salud mental he sido testigo de cómo muchos chicos homosexuales (aunque no solo, pues también es una realidad que afecta a muchísimas mujeres jóvenes) viven su homosexualidad ocultando su orientación sexual a su familia, una orientación que no han elegido, pero que les causa el injusto abandono de la gente que más quieren. Sienten una profunda desconexión con sus allegados, porque es duro querer a alguien sabiendo que si supiera quién eres en realidad, te despreciaría, que todo lo que te demuestra cada día solo lo hace porque vive engañado.

Imagina vivir así toda una vida, imagina vivir así con tu pareja sin poder sentirte aceptado y visto plenamente por miedo al abandono. Por desgracia, esto también ocurre en muchísimas parejas, o en personas que ya han comenzado la búsqueda activa de vincularse: no son capaces de abrirse y nunca llegan a sentir el amor pleno del otro, porque siempre se sienten llevando una máscara…

Recuerdo el caso de María y Pedro, que vinieron a mi consulta por problemas sexuales. María no era capaz de soltarse, de hablar de sus gustos y necesidades reales, y Pedro se sentía muy insatisfecho. Indagando en la primera sesión, parecía que el problema era María, que había recibido una educación muy conservadora y vivía las relaciones íntimas con un conflicto interno, como si su pareja tuviese que verla como una princesa perfecta y no tuviese derecho a ser un poco más pasional con él por el amor que los unía. Pero esto no me cuadraba por la manera que ella tenía de expresarse abiertamente, incluso con vocabulario explícito, así que decidí tener una sesión a solas con cada uno para ver qué pasaba realmente. Para mi sorpresa, María había tenido una vida íntima anterior a Pedro muy muy abierta, con tríos, orgías y prácticas de rol que le encantaban; pero temía pedirle todo esto a él por no romper la imagen que pudiera tener de ella. «He vendido una mentira de la que no sé cómo salir, y él no quiere a esta chica, quiere a la otra que me inventé», me decía. María no era ninguna chica tímida ni inexperta, ni tenía una mentalidad conservadora; de hecho, conocía perfectamente su cuerpo y sus gustos, pero tenía miedo a no ser deseable para Pedro una vez que este conociese su realidad. Todo esto le estaba causando una desconexión con su novio y estaba provocando igualmente aquello que tanto temía, que ambos no funcionasen desde el punto de vista sexual.

Al final, en el proceso de ponerse máscaras para ser más deseable, la intención principal es gustar al otro y hacer duradera una relación, pero muchas veces esto puede causar el efecto contrario.

Recuerdo que después de abrirse conmigo y compartir cuál era en realidad su conflicto interno, le pregunté a María si verdaderamente se sentía querida en la relación, si creía que compartir lo que me había confesado en la consulta tendría un impacto en su relación con Pedro, y entonces en ese momento rompió a llorar. Había una barrera enorme que se alzaba y que impedía que Pedro viera a María en su totalidad, con sus luces y sus sombras. María nunca podría sentirse querida si notaba que Pedro solo estaba con ella porque no conocía esa realidad de su pasado. Y por experiencia, sé que el sexo es de las primeras cosas que se resienten cuando la intimidad completa es inexistente. Es decir, no puedes fluir en ese aspecto sin sentirte cómodo contigo mismo. **¿Entiendes ahora a qué me refiero con ser visto?**

> «Ser visto» es mucho más que dejarse mirar. Ser visto es que la otra persona sea capaz de ver a quién tiene delante en realidad, plenamente y sin censura, y lo acepte. Y para ello, primero debes «verte» tú mismo.

No la versión que tú quieres vender, no la parte que quieres mostrar porque es aceptable, ni esa parte que todos conocen de ti, sino la real, con sus luces y sombras. Y este es uno de los objetivos más difíciles: aprender a soltar tanto control y mostrarnos como somos. He de decir que creo firmemente que existen personas que son capaces de ver dentro de nosotros incluso aunque intentemos justo lo contrario. Esto es lo que se llama «conectar». Cuando estas personas con las que conectamos de verdad aparecen en nuestra vida, hacer las paces con nosotros mismos será mucho más fácil (aunque eso no evitará que en el camino hacia la aceptación haya momentos de malestar, altos y bajos), pero **si nosotros no aceptamos esas partes nuestras, ni con eso bastará.**

> Tu mejor amigo lo es porque quiere serlo, porque te conoce plenamente y, aun así, te quiere con todo. Eso es lo que tienes que conseguir: ver a un mejor amigo que prefiera estar ahí dentro porque se siente más en paz contigo que en ningún otro sitio.

¿CÓMO EMPIEZO A QUERERME MEJOR?

Para poder establecer una relación con alguien, tener una opinión sobre él o, en última instancia, quererle, primero debes invertir tiempo en conocerle. Conocerse a uno mismo no es tarea fácil; de hecho, es una tarea que dura toda la vida, y ahí reside la mayor magia. Pero conocerse no implica quererse: son dos cosas totalmente distintas. Puedes conocerte y detestarte, y querer cambiar cada parte de ti. Como profesional, pero también como ser humano, resulta muy doloroso ver desde fuera a una persona que se odia, que se critica y que se tira por tierra constantemente, como si nunca fuese suficiente, como si estuviese defectuosa. Por desgracia, existen muchas personas que crecen con el esquema nuclear y el discurso interno de «hay algo malo en mí». Y aunque quizá no sepan qué es eso tan horrible que tienen, ni sean capaces de verbalizarlo, cargan con la sensación de que eso tan horrible está ahí, en su interior, para que todo el mundo lo encuentre (y como consecuencia de ello, los abandonen). El problema de muchas de estas personas es que nunca se han parado a indagar profundamente en sí mismas; tienen tanto miedo a ver los horrores que sospechan que ocultan que no miran dentro para advertir que no es así en realidad.

> Y es que, claro, para ver dentro de uno mismo se necesita valor. Valor y, sobre todo, saber cómo hacerlo; y por diversas razones muchos de nosotros hemos crecido sin las herramientas necesarias.

Una de las bases para conocerse, aceptarse y vincularse mejor con los demás, aunque parezca irónico, es la **soledad**. Sentirte solo, y querer seguir estándolo porque sabes que es bueno, es el mayor de los actos de independencia y amor propio que puedes tener hacia ti mismo, y te ayudará a construir relaciones más sanas y seguras con los demás.

Aunque el miedo a la soledad es algo generalizado como seres sociales que somos, especialmente para los *millennials* o los de la generación Z, tenemos mucho miedo de estar solos —**solos de verdad**, sin pantallas, sin libros y mirándonos dentro—, porque nos toca enfrentarnos al pasado, a la interpretación de nuestra vida, o más bien a momentos de ella.

Por ello cuando estamos solos y nos sentamos en una piedra a la orilla del mar a reflexionar, o asistimos a una cena de fin de año sin batería en el móvil, o vamos en un taxi —es decir, cuando no hay escapatoria—, es el momento de ver si todos aquellos instantes y ese repaso de nuestra vida pasada o nuestras proyecciones futuras nos generan alegría y paz o, en cambio, sufrimiento, miedo y decepción.

Es duro porque a veces nos toca aceptar que estamos viviendo una mala racha, o que si seguimos por ese camino nuestro futuro dejará mucho que desear, y en esa conciencia nos toca tomar acción, aunque no nos guste. Por eso, cada día me encuentro más personas en la consulta que son adictas a las maratones de series, a consumir porno desmesuradamente o que se pasan cada noche cuatro horas haciendo *scroll* de vídeos de Tik-Tok, Instagram o Facebook, porque es la manera más eficaz de anestesiar la mente y dejar el problema para el día siguiente. En definitiva, no quieres pasar tiempo contigo mismo, porque no te gusta lo que descubres cada vez que lo haces, y porque evitarlo es más sencillo que hacerle frente, aceptarlo o modificarlo. Pero claro, amigo, a largo plazo todo esto va a terminar por alcanzarte en un momento u otro, especialmente cuando tengas que abrirte con otra persona o te encuentres con alguien que busque y necesite admirarte como pareja. **No puedes escapar de ti mismo.**

A mí siempre me ha parecido que vivir es un verdadero acto de valentía, porque consiste en soltar cosas terribles, pero también increíbles. No solo tenemos que soltar cosas negativas, sino que muchas veces tenemos que aceptar que lo que era perfecto y nos hizo felices en otro momento hace tiempo que ya no funciona; y hacer frente a eso es tremendamente doloroso y complicado.

Es complejo darse cuenta de que llevas cinco años con el que pensabas que era el amor de tu vida, con la persona que más feliz te ha hecho, y ser consciente de que últimamente ya hace tiempo que la realidad es otra, que la pareja no funciona y que te sientes vacío. Esta es una conversación muy difícil con uno mismo. A ello me refiero, también, con aferrarnos a los buenos momentos. Pero es parte de la vida, también de la vida en pareja o compartida (como veremos más adelante), aceptar que nada es eterno; por ello es importante centrarnos en el ahora, porque tarde o temprano todo acaba, y lo único que sigue ahí eres tú. Pero ni siquiera tú eres permanente, inmutable, ni mucho menos eterno. Y por eso, cada día vas a desprenderte de partes de ti para dejar entrar otras nuevas.

Despedirte de partes de ti es otro acto de dejar ir, quizá el más duro.

Dejar ir la parte idealizada de ti, dejar ir esa persona perfecta e irreal que quieres ser y aceptar la que eres en realidad, dejar marchar la inocencia, la inmadurez, las pasiones que ya no saben igual, los pensamientos que ya no te hacen vibrar como antes. Esto es muy difícil, porque soltar esas imágenes y mirar dentro implica aceptar que nunca vas a ser como soñabas, que eres tremendamente imperfecto y que no te queda otra que aceptarte y aceptar la realidad. Y, a veces, esto puede ser muy duro.

El verdadero amor —el propio o hacia otros— se demuestra cuando aceptamos que no somos perfectos; porque amar no es aceptar y querer a los demás o a nosotros mismos solo cuando las cosas van bien y somos exitosos. El amor propio no debería tener condiciones. A mí siempre me ha llamado la atención que cuando llegaba a casa luego de haber sacado un nueve en un examen, mi madre me decía lo orgullosa que estaba, me felicitaba y me daba un abrazo mostrándome cuánto me quería. Sin embargo, cuando sacaba un cuatro, además de decirme que me fuese a mi cuarto, que estaba disgustada y que yo tenía que estudiar más, ese día no había abrazo. ¿Qué tiene que ver mi error o mi mal resultado académico con el amor? ¿Qué me está enseñando mi madre con esa actitud? Pues yo te lo digo: enseña que si no soy exitoso en lo que hago, no merezco quererme a mí mismo ni merezco el amor de los otros. **Y así nace el perfeccionismo.** Yo sé que mi madre me querría igualito, y lo sé porque la conozco, pero la sociedad nos ha enseñado a pensar que el abrazo o el cariño es casi un premio, y que no es compatible regañar a alguien, o decirle que algo está mal, y mostrar afecto al mismo tiempo. O sea, en mi caso, que mi madre me diga que puedo hacerlo mejor, que confía en mí y que me abrace mientras me expresa su amor no cambia el hecho de que deba mejorar mi nota, ni su abrazo me dice que deba esforzarme menos.

Con uno mismo pasa igual: al final basamos nuestro valor personal o decidimos sobre el amor que nos damos en función de nuestros logros. Y hay partes que se nos hacen difíciles de amar y partes que hasta querríamos cambiar, porque lo son hasta para alguien que puede amarnos incondicionalmente. Pero ahí radica la verdadera aceptación: no en aceptar cosas que nos hacen mucho daño, ni en resignarnos a no poder mejorar, sino en aceptar aquello de los demás y de nosotros que no nos daña, pero nos empeñamos en cambiar. La clave está en entender que podemos tener objetivos e ilusiones, pero no nos hace falta haber logrado todo para poder aceptarnos y querernos.

> La clave está en entender que tenemos mucho por mejorar y crecer, pero que podemos querernos incondicional y plenamente desde hoy, aunque todavía no hayamos conseguido lo que nos habíamos propuesto.

En definitiva, nos da mucho miedo estar solos, porque nos enfrenta a todos esos pensamientos y proyecciones, nos obliga a ver todas esas partes oscuras y a hacer el verdadero esfuerzo de quitarnos los ochocientos filtros que habíamos puesto a nuestra vida para poder verla por vez primera de una forma realista.

¿Y TODO ESTO PARA QUÉ?

Muchas veces encontramos la motivación para todo esto en una tercera persona, es decir, en querer ser mejores *para* alguien. No obstante, la verdadera utilidad de realizar este proceso consiste en ser mejor para ti, porque una vez que lo inicies, mejorarán todas las áreas de tu vida. Por eso, a mis pacientes siempre les digo que no me importa cuál es la motivación inicial mientras uno sea capaz de seguirla más allá de lo que pase con los demás (como puede ser una ruptura). Lo más importante aquí es que no abandones tu camino solo porque la persona que creías indicada para acompañarte ya no está ahí para motivarte.

> **No lo olvides nunca:
> la persona indicada eres tú.**

Todo lo que hemos hablado en estas páginas es una de las tareas más difíciles que tenemos en la vida, y creo que nunca se logra plenamente, pero también es parte del encanto de seguir viviendo, y, como decía al principio, de ser las flores que florecen cada primavera.

Nos preguntamos continuamente durante nuestras relaciones cuánto tiempo estaremos con tal o cual persona, cuántas citas tendremos hasta llegar a la conversación en la que se formalice o etiquete la relación, cuánto tiempo debemos esperar para que cambie algo que nos molesta…, pero nunca nos preguntamos sobre nuestra propia relación interna. Es decir, no dedicamos toda esa atención y ese esfuerzo a la relación más importante de todas. Y creo que es hora de que esto cambie. Si sigues leyendo estas páginas, probablemente estés de acuerdo conmigo. Escucho todos los días hablar del «tiempo de calidad», tanto que todos hemos comprendido que con pasar tiempo con nuestra pareja, familia o amigos no basta, sino que debemos pasar tiempo de una forma concreta, que nos ayude a conectar y que además merezca la pena. **Con nosotros ¿lo hacemos también de ese modo?**

Para dar los primeros pasos de este camino, te propongo un ejercicio.

Tómate todo el tiempo que necesites para responder las siguientes preguntas; yo estaré aquí, esperando a que te dediques este tiempo para luego seguir acompañándote de la mano.

Te recomiendo que las respondas, con lápiz o boli, sobre un papel (es decir, que materialices las respuestas en algo que puedas tocar). Utiliza una hoja en blanco o tu libreta favorita.

- ¿Cómo es mi relación conmigo mismo?
- ¿A dónde se dirige esa relación si sigo por este camino que he iniciado?
- ¿Cómo me veo de aquí a diez años?
- ¿Soy la clase de persona que me gustaría ser?
- De no ser así, ¿en qué clase de persona me quiero convertir?
- ¿Merezco que me amen? ¿Por qué?
- Si alguien me conociese profundamente, ¿vería cosas bonitas para quedarse?
- ¿Cómo me trato normalmente?
- ¿Cuántas palabras de afirmación y cosas bonitas me digo cada día?
- ¿Sería mi propio amigo si pudiera? ¿Por qué?
- ¿Soy una persona de la que querría estar cerca?
- Si pienso en una persona muy querida, ¿le recomendaría a alguien como yo como pareja? ¿Por qué?
- ¿Qué es lo que me falta para sentirme satisfecho con la respuesta a todas estas preguntas?

Una vez que hayas respondido, con sinceridad y profundamente, hazte la siguiente pregunta: del 1 al 10, ¿qué sensación de satisfacción tienes después de este ejercicio?

No es lo mismo saber racionalmente que «mereces la pena», que sentirlo, creerlo profundamente y actuar en consecuencia. A veces, por mucho que nos repitan una cosa, existe algo más poderoso dentro de nosotros que nos impide creerlo.

Otro ejercicio que te propongo para mejorar tu orientación hacia lo positivo que hay en ti, hacia tus fortalezas, es escribir cada día tres cosas buenas que hayas hecho a lo largo del día, cosas que no hagas normalmente. Si madrugas todos los días, por ejemplo, no cuenta poner que has madrugado. Tiene que ser algo pequeño y diferente a lo habitual, como haber llamado a tu madre o tu abuela para preguntarles cómo están y haber mantenido una conversación larga y enriquecedora, haber cocinado una buena comida, haber dedicado tiempo al cuidado personal, haber leído tu libro favorito o haberle marcado un límite a alguien. El objetivo es que te vayas a la cama sintiéndote satisfecho y orgulloso, en lugar de habiendo repasado cuarenta veces todos los errores del día. Es muy importante que dediques tiempo a encontrarlas, y es también importante que sepas que si tienes una baja autoestima o nunca has entrenado para premiarte, te costará muchísimo hacerlo.

Este capítulo daría para numerosas páginas, horas, días, etc., y de hecho es el trabajo que te va a llenar toda una vida y que probablemente no tenga fin. Es importante que busques la ayuda de un terapeuta si consideras que estás muy desorientado, que tu relación contigo es problemática o que te cuesta ver lo bueno que hay en ti.

Una vez que hayamos alcanzado una cierta complicidad y conexión con ese compañero, debemos continuar con nuestro viaje y empezar a orientarnos hacia fuera.

2
¿HAY QUE ESTAR PREPARADO PARA UNA RELACIÓN?

Ojalá responder a esta pregunta fuese tan sencillo como decir «sí» o «no», pero seré sincero: la realidad es que la respuesta es más bien «depende».

¿Qué quiere decir realmente estar preparado? ¿Tengo que estar completamente preparado? ¿Cómo sabré si estoy preparado al cien por cien alguna vez?

Como muy bien sabemos y hemos venido hablando, existe una creencia social muy popular que nos dice que, para estar con alguien, primero debes estar bien contigo mismo (de hecho, de eso trata el primer capítulo). No obstante, para que veas los matices tan bonitos que tiene esto del amor, debes ser consciente de ello, pero sin dejar que la obsesión por conseguirlo te haga caer en un perfeccionismo extremo en el que jamás te sentirás preparado al cien por cien. ¿Recuerdas lo que te decía al final del primer capítulo, de que el viaje del amor propio y el crecimiento personal es muy muy largo y no tiene final?

Pues a eso me refiero: no podemos esperar a ser perfectos para dejarnos amar, porque de lo contrario pasaríamos la vida solos.

Recuerdo el caso de Olimpia, una chica a la que acompañé en la consulta. Olimpia estaba muy trabajada: era madura, responsable afectivamente, atenta, comunicativa, cuidadosa…, pero estaba tan obsesionada con el crecimiento personal que la autoexigencia, un rasgo muy marcado de su personalidad, se le había ido de las manos. Había visitado varios psicólogos antes de llegar a mí, había hecho un gran trabajo de introspección y autorreflexión, y leía libros de autoayuda y desarrollo personal cada semana. Es decir, no tenía fin. Aun así, ella me decía que sentía que estaba muy lejos de poder incorporar a alguien en su vida, porque su proceso no estaba terminado; y cuanto más leía, más cosas veía que debía mejorar. **Su vida era un *work in progress*, un lienzo infinito.**

Puedo entenderla, cada vez que viajo, leo un libro o conozco a alguien que me inspira, me doy cuenta de muchos aspectos en los que tengo margen de mejora, me doy cuenta de todo sobre lo que aún tengo que trabajar. Pero considero que ahí está el balance entre seguir descubriendo y seguir aprendiendo sin sentir que cada vez que descubres algo nuevo eres un fracaso y estás muy lejos de poder estar orgulloso de ti mismo. Al final, si eres tan exigente que no aguantas ver aquellas cosas que deberías mejorar, probablemente optes por abandonar el trabajo en ti e ignorar todo lo que te falta por lograr. Esto tampoco es una solución, por eso repito tanto que **debemos aceptar que nunca vamos a ser perfectos y la vida es un constante crecimiento,** pero podemos querernos y dejarnos querer por el camino.

Siguiendo con la historia de Olimpia, justo en ese momento de tanta exigencia conoció a Pablo, un hombre maravilloso, también maduro, con las cosas claras, un trabajo estable y una proyección de futuro parecida a la de ella. Olimpia quería una relación estable con un hombre comprometido y ahí la tenía en Pablo, pero, pese a que era consciente de esto, saboteó por completo la posibilidad. A la mínima que tenía una incertidumbre o que había algún problema, y ella se sentía inquieta o perdía el control, todo su cuerpo le pedía abandonar esa relación. Recuerdo que me decía: «Es que he luchado mucho para estar así de bien y no puedo perderlo, Adrián. ¿Y si las cosas no salen bien y pierdo todo lo que he conseguido hasta ahora?».

Es normal sentir ese miedo paralizante al meter a una persona en la ecuación de nuestra vida. Antes de la llegada de otra persona, la existencia es tal vez más sencilla, controlada, fácil. Pero cuando de repente aparece alguien que cambia tus perspectivas u objetivos (o los confirma, tal vez), te genera una ilusión diaria para levantarte, te hace sentir emociones y una intensidad novedosa; sin embargo, pese a la felicidad que te genera, sientes que hay algo que no puedes controlar ni regular: a esa persona y el futuro que quizá buscas construir con ella.

Hay una frase de la película *Come, reza, ama* que me encanta y que creo que refleja muy bien lo que traté de hacerle ver a Olimpia: «Perder el equilibrio por amor es parte de una vida con equilibrio». Esta frase explica que, a veces, enamorarse y no saber exactamente qué estás haciendo, equivocarte, dejarte llevar y fracasar forma parte de tener equilibrio en la vida. **Porque la vida no es solo control y absoluta calma, también es equivocarse, volver atrás y seguir intentándolo.** Lo contrario no es el equilibrio: es no atreverse a vivir ni a salir de la zona de confort.

¡Y cuántas cosas tan bonitas que hay más allá de nuestra zona de confort!

En el caso de Olimpia, cada vez que la situación se ponía fea, ella tenía el impulso natural de quitar del medio el estímulo que causaba la molestia (Pablo), dejando la relación. Se justificaba diciendo que si estuviera lo suficientemente trabajada, no se sentiría así, pero eso no era cierto del todo. En una de nuestras sesiones le pedí que le explicase a Pablo cómo se sentía y que le contase de dónde nacía su miedo. Lo estuvimos ensayando durante la sesión. Como él era un hombre maduro y receptivo, la escuchó y la acompañó, y juntos pudieron acordar hablarlo cada vez que esos sentimientos irrumpiesen en ella, un recurso que permitió que la relación avanzara y que el miedo de Olimpia fuera cada vez más pequeñito.

Cuando Olimpia tenía la reacción de apartar a Pablo, él —en lugar de ofenderse y sentir que ella a la mínima echaba todo por tierra porque nada le importaba— ya era capaz de entender de dónde nacía esa reacción, por lo que le repetía frases como: «Eres suficiente y te quiero, aunque hayamos discutido», «Podemos con esto», «Sé que quieres marcharte y que sientes que si fueras perfecta no atravesaríamos esta situación, pero me gustas también así». Poco a poco, los dos fueron entendiendo cómo funcionaba aquel mecanismo, y Olimpia también entendió que debía dejar de escapar constantemente y aprendió a ponerse en la piel de Pablo. **Encontró la manera de regularse, aceptando que era imposible tener una relación perfecta, y que el** trabajo personal ayudaba a resolver los problemas y aprender de ellos.

Pablo tuvo un papel crucial en el desarrollo personal de Olimpia. **A veces, rodeados de las personas correctas, podemos seguir creciendo y llegar a conocernos, aceptarnos y querernos mejor.** En este caso concreto, en parte gracias a Pablo, Olimpia fue capaz de aceptar su sombra y trabajarla: que él estuviera a su lado fue clave para que aprendiera esta lección vital.

No siempre tenemos que hacerlo todo solos.

ANTES DE EMPEZAR, HAZTE TRES PREGUNTAS

Llegados a este punto, me gustaría que quede algo claro: tener cosas por mejorar, dudas y errores nos hace humanos. Todos tenemos inseguridades, a veces somos inmaduros y actuamos de forma indebida, pero lo que importa, el objetivo de muchos de nosotros, es disfrutar la vida y que esta sea estable a nivel general, que busquemos algo o alguien no desde la necesidad y la desesperación por llenar un vacío, sino **desde las ganas —de vivir, de disfrutar, de aprender— y desde la curiosidad**.

El problema es que esto no es como el resultado de una prueba médica, no tenemos un aparato que nos indique «positivo» o «negativo» en función de si buscamos pareja de forma sana o no. Para estar seguros de si buscamos desde una perspectiva «saludable», tenemos que hacernos las preguntas adecuadas, por lo que **debemos profundizar en ese diálogo interno con nosotros mismos.** La cosa es que nunca se nos enseña a tener este diálogo, nunca se nos explica cómo debemos hacernos las preguntas, ni siquiera cuáles son las respuestas que sería adecuado dar.

Para saber si son esas ganas y esa curiosidad las que te mueven a querer desarrollar un vínculo con alguien y embarcarte en una relación, vamos a dejar muy claro qué debes preguntarte. Personalmente, me gusta hacer tres preguntas clave que veo que ayudan a la gente que acompaño en la terapia cuando muestran dudas sobre si iniciar una relación de pareja:

> 1. ¿Soy feliz en este momento sin pareja?
> 2. ¿Me siento preparado emocionalmente? (Es decir, tengo la estabilidad, el bienestar y las ganas de desarrollar un vínculo).
> 3. ¿Busco pareja desde la necesidad o desde las ganas de explorar y enriquecer mi vida?

Respondiendo a la primera pregunta, hay que resaltar que la felicidad que conseguimos en solitario, el estado en el que nos encontremos antes de la relación, va a determinar cómo vamos a enfocarla. Imagina que tu vida es terrible, te sientes solo, perdido y sin sentido, pero de repente conoces a alguien que te hace feliz y todo cambia. Cuando esa persona te amenace con dejarte, veas en peligro esa relación o incluso te trate mal, seguramente no podrás salir de ahí, porque la perspectiva de volver a estar como antes te destrozará solo de pensarlo, como le ocurría a Lucas.

Lucas era un chico de unos veinte años que llegó a mi consulta alegando que tenía una dependencia emocional muy aguda. Llevaba un año de relación con Marcos, y decía que él era su todo y que no se veía sin él. El problema era que cada vez se ponía más demandante: Marcos nunca le quería o atendía lo suficiente, y empezaba a tener la sensación de que se estaba cansando de él por sus constantes quejas y demandas.

Cuando nos pusimos a revisar su vida para buscar el origen de esa dependencia emocional, vimos que cuando Lucas había conocido a Marcos, estaba en un momento vital terriblemente inestable. Había dejado la universidad por falta de motivación, había vuelto a su ciudad natal, donde todos sus amigos se habían marchado a estudiar fuera. Sus padres no paraban de decirle que era un fracaso, él no encontraba nada útil que hacer durante esos meses hasta empezar la nueva carrera, y entonces se metió en un bucle horrible de soledad, adicción a ciertas sustancias y desesperación. Vista esta perspectiva que tenía de su vida sin Marcos, creo que, hasta cierto punto, es casi normal que se hubiera agarrado a él como una lapa, ¿no te parece?

Si consideras que toda tu vida es un desastre y no tienes nada bueno, vas a querer tirar de la única cosa que funciona medianamente bien, y vas a exigirle que sea perfecta para llenar todos tus vacíos (que, por otro lado, a esa persona no le corresponde llenar). En cambio, si tienes una vida bien construida, si has conseguido ser feliz y generar una estabilidad, puedes permitirte ofrecerle a alguien formar parte de ese proyecto, construir juntos, dirigiros hacia el futuro. Buscar desde una situación en la que sientes que todo es un completo desastre y que estás perdido, probablemente te va a centrar en qué te puede aportar el otro, olvidándote de la reciprocidad y del «qué puedo aportar y ofrecer yo». **Al final, si sientes que no ofreces nada, es lógico que desarrolles una sensación de dependencia y creencias como, por ejemplo, «sin ti no soy nada».**

Por todo esto, en la segunda pregunta clave hablaba de **estar preparado emocionalmente**, de ser realista respecto a cuál es tu estado actual. Si toda tu vida se centra en emociones de frustración, soledad y vacío, unidas a una falta de sentido y confusión existencial, probablemente no vas a poder aportar todo lo bueno que requiere una pareja, sino más bien exigir y demandar que sane tus heridas.

Ahora bien, ¿cuál es tu estado actual? ¿Qué emociones son las principales en tu día a día? ¿Te sientes estable en tus decisiones? ¿Tienes fuerza y bienestar para dedicarte a alguien más que no sea a ti mismo?

Estas y otras preguntas son las que debes plantearte de cara a comenzar una relación. Siempre divido la parte racional de la emocional, y aunque el punto de vista racional pueda decir que te apetece tener novio, debes plantearte si eres capaz y estás preparado para ello.

En cuanto a la necesidad, es importante sentir que tienes una vida que disfrutar en caso de que las cosas fallen, una vida que nunca has perdido de vista mientras atravesabas una relación, siendo esta un complemento que la hace más rica, pero nunca lo único que tienes en tu vida.

> **Asegúrate de que tu pareja es un complemento a una vida feliz y plena, una vida personal de la que ya disfrutas.**

Esta persona aparecerá para hacer que tu vida pase de un 9,5 a un 10, no para que salgas de un 3, desesperado por un cambio. Aquí es donde entra la tercera pregunta clave, **el buscar pareja desde la necesidad.** Deja que te lo explique con una metáfora: si buscas a alguien porque necesitas que te salve la vida, como quien se está ahogando en la piscina y quiere que le lancen un salvavidas, estás condenado a no aprender a nadar sin él, porque en tu vida no se te está dando la oportunidad de realizar ese aprendizaje. ¿No crees que es mejor aprender a nadar primero, para luego poder apoyarte en un flotador que te haga la vida más agradable, pero sabiendo que no es esencial para tu supervivencia y para disfrutar del agua? Este era el caso de Nerea, una chica que se mudó de la ciudad para huir de una ruptura con un chico desde su tierra natal. Se fue a vivir a un lugar nuevo, en el que no conocía a nadie, y a los dos meses se vio metida en una relación con su compañero de piso, al cual no amaba pero le hacía una compañía que era incapaz de rechazar. Se sentía muy sola y no se veía cortando la única fuente de cariño que tenía en ese momento. Pocos meses después le pasó algo que no estaba en sus planes: se quedó embarazada, y entonces tomó la decisión de no seguir adelante con el embarazo, por mucho que esto le doliese. Durante todo este proceso tan duro, a pesar de que sus padres la apoyaban plenamente, debido a su trabajo no se podía permitir viajar a casa; además, el apoyo que pueden darte desde la distancia no es el mismo que te da una persona que está cerca. Así que de repente se vio estando con alguien que no quería, pero que a la vez era el único que curaba su malestar, su sufrimiento y su soledad. Ella no amaba a la persona, sino a la sensación que nadie más podía proporcionarle en ese momento: la necesidad básica de sentirse escuchada, atendida, amada. Es muy difícil salir de ese lugar si no construyes otros aspectos de tu vida que le den sentido y soporte, de forma que puedas escoger por razones de placer y no por mera supervivencia o por el hecho de no tener nada mejor a la vista. **Puedes entender el peligro de esto, ¿verdad?**

Comprender estos conceptos me parece realmente importante, y creo que muchas veces, aunque leamos sobre ello, no somos conscientes de nuestra situación hasta que la exteriorizamos. Por eso, si estás buscando iniciar una relación, a continuación te propongo un ejercicio para profundizar en tu historia y que analices tu vida en este momento.

Imagina una mesa. Está sujeta por unas patas que la sustentan, que impiden que se caiga, cojee o se tambalee.

Imagina que en lugar de cuatro patas tuviera una sola. ¿Ves cómo todo depende de esa única pata? Aunque esa pata falle, esté rota o defectuosa, la mesa no puede permitirse sustituirla o cambiarla por otra. Ahora imagina que esa pata es una pareja con la que tienes una dinámica tóxica o disfuncional, que te genera malestar o te insulta a diario. En ese caso, mucha gente te diría que por qué no dejas a ese chico, pero lo que no ven es que no tienes nada en lo que apoyarte si lo haces. Has reducido tus amistades, tus pasiones, y todo lo has proyectado en él. Y ahora sin él, ¿qué haces? Esa pata te controla.

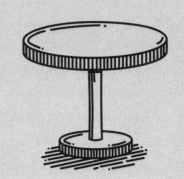

Ahora imagina que la mesa luce como la segunda que ves aquí ilustrada: una mesa con múltiples patas, esto es, tu trabajo, tus hobbies, tu psicólogo, tus amigos, tu familia, tus proyectos, tu música y también tu pareja. ¿Crees que si tenemos que sustituir una pata, las otras no podrán sustentarnos mientras tanto? Incluso podríamos vivir perfectamente sin esa pata durante un tiempo, nunca perdiendo de vista la importancia de las otras. ¿Ves la diferencia?

Coge papel y lápiz y dibuja tu propia mesa. Sé consciente de las patas que te sustentan, de su grosor, de su importancia. Después quiero que realices otro dibujo, pero esta vez con la estructura que te gustaría que tuviese tu mesa ideal. ¿Qué patas te faltan? ¿Cuáles querrías que fuesen más importantes? ¿Cuáles son dañinas y deben ser sustituidas?

No te desesperes si el resultado ha evidenciado algo que no es muy positivo. Recuerda lo que venimos hablando: **el que te des cuenta de tus mejoras es siempre algo que hay que celebrar, y no debería cambiar ni un poco la forma en la que te quieres y te valoras a ti mismo.** Si has descubierto que te faltan patas, es porque estás creando una nueva, la pata del trabajo personal y el crecimiento; a partir de ahora, con el impulso de esta vas a poder añadir nuevas patas.

Estamos solo empezando, pero vamos a por ello con muchas ganas, y voy a estar contigo durante todo el proceso.

3
¿LAS RELACIONES SURGEN O SE BUSCAN?

En este capítulo vamos a intentar dar respuesta a uno de los eternos debates sobre las relaciones: saber si se pueden buscar y construir de forma deliberada o si esto es contraproducente.

Piensa en los típicos objetivos vitales como, por ejemplo, comprarse una casa, sacarse la carrera universitaria o tener hijos, ¿podrías llevarlos a cabo sin planificación o cierto orden? Claramente, no, ¿verdad? Pues no te imaginas la cantidad de pacientes que me dicen frustrados que no encuentran pareja, pero, en cambio, no tienen citas ni salen de su casa para mantener contacto social o conocer nuevas personas. Hay cosas en esta vida que pueden venirte por sí solas y aparecer cuando menos te las esperes (las relaciones son un ejemplo), pero también es cierto, y no es excluyente, que si las buscas y te preparas, las probabilidades aumentan.

El problema es que mucha gente critica el hecho de que alguien «intente» buscar pareja y diga que quiere encontrarla y se esfuerce para ello, e incluso llega a tachar a estas personas de desesperadas. No obstante, en mi experiencia, quien busca y se esfuerza encuentra, y si ello se aplica a todo en esta vida, esta búsqueda no va a ser una excepción. De hecho, más te vale empezar a estructurar esa búsqueda y hacerlo de manera inteligente, para ahorrarte problemas a largo plazo. **Si no tienes claro lo que buscas ni cómo vas a encontrarlo, quizá acabes encontrando algo que no quieres, y eso sí sería un problema.**

Porque no basta con saber si quieres o no buscar pareja, se trata de ser consciente de lo que necesitas, saber qué buscas y cómo lo buscas.

Recuerdo el caso de María, una joven de unos treinta años que llevaba sin pareja los últimos seis, pese a estar preparada y convencida de que quería volver a tener una relación, y a que se sentía plena y feliz como persona soltera. María vino a la consulta porque a pesar de sentirse preparada, notaba que todas sus relaciones acababan en fracaso, y en parte creía que se debía a sus propias barreras (en este sentido, recuerdo que me transmitía que «había algo malo en ella»). Cuando, en una de nuestras sesiones, le pregunté qué había hecho al respecto en estos últimos años, me dijo entre risas y con mucha dignidad: «No hay que hacer nada, porque eso significa buscar y forzar algo. Yo estoy bien sola y, además, soy paciente, por lo que estoy convencida de que en algún momento llegará lo que quiero que llegue». Es decir, esperaba que el amor de su vida llamase a su puerta para decirle con pancartas que la amaba mientras veía *Love Actually* en su casa. Había integrado en su visión del mundo el mito del amor romántico que nos han vendido durante mucho tiempo.

Ese amor romántico que nos han enseñado determinadas películas, el cine de Disney y cierto tipo de literatura nos dice básicamente que si esperamos en casa, llegará una persona que será perfecta e ideal para nosotros, y que seremos felices para siempre. Cuando llegue, además, será como «coser y cantar», la persona encajará en todo, pensará como nosotros, jamás sentiremos atracción por nadie más y, en fin, el amor podrá con cualquier conflicto y durará para siempre. **Con estas expectativas tan enormes, a la mínima que esto falle, será normal frustrarnos y sentir que somos un fracaso; que los demás lo tienen, pero nosotros no; que no hemos encontrado a «la persona».**

Evidentemente, esto es una utopía. Siento decir una obviedad, pero sin salir ni hacer una serie de cosas, no es posible encontrar pareja, o al menos es mucho (muchísimo, de hecho) menos probable. Esto es como la lotería: cuantos más boletos compres, más probabilidad vas a tener de ganar algo, ¿no? Pues cuanto más activo seas socialmente, más comuniques a tus amistades lo que buscas, más inicies conversaciones con gente que te atrae, más te des la oportunidad de hablar con personas, más visible vas a ser y más oportunidades tendrás de conectar con alguien que vibre en tu misma sintonía. Esto, por supuesto, no es una garantía de nada, pues nadie te puede prometer que vaya a salir bien; pero si tienes varios caballos en la carrera, es más probable ganar. Para ganar hay que jugársela, hay que intentarlo.

Volviendo a María, con ella trabajamos esto en la consulta y se mostró abierta a «salir», así que empezó a conocer chicos y a tener citas (algunas buenas y otras totalmente desastrosas según ella). Con el tiempo y la preparación adecuada (como veremos en los próximos capítulos) encontró a Bruno, de unos treinta y pico años, un hombre de carácter reservado que disfrutaba mucho de la música y la literatura clásica, y con quien encajaba perfectamente.

Pero, claro, encajar en valores, gustos y buscar lo mismo no es suficiente para iniciar una relación y construirla. Por eso quiero hacer un inciso aquí y explicarte una teoría que te ayudará a comprender el proceso en el que construimos una relación de una forma más amplia y completa. Estoy hablando de la **teoría triangular del amor**, en la que el psicólogo Robert Sternberg —catedrático de la Universidad de Yale y escritor ampliamente reconocido— indica que el amor está formado por tres componentes: pasión, intimidad y compromiso. Según Sternberg, para que el amor sea completo y sano, se requiere la presencia de los tres componentes, y a esto lo llamó **«amor consumado», que es el que debemos buscar**.

El problema es que muchas veces uno de estos componentes falla, y las combinaciones restantes nos llevan a tipos de amor diferentes. En primer lugar te explicaré, de forma sencilla, como hago con mis pacientes, los tres componentes, para que entiendas a qué se refería Sternberg en cada caso.

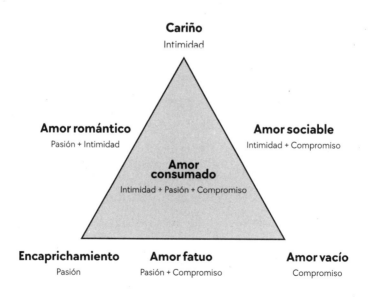

Pasión. Este componente no solo habla de la atracción física o la excitación que te produce la otra persona, también habla de las ganas de pensar en el otro, de sentirlo, de mandarle un mensaje, de estar cerca, de abrazarlo. Es lo primero que se suele desarrollar cuando conoces a alguien y lo primero que se esfuma si no cuidas la llama. Si solo hay pasión, te encontrarás con un amor pasional, basado en los instintos y en los impulsos.

Intimidad. Este componente hace referencia a la amistad que tienes con tu pareja, dicho de una forma sencilla. Son esos momentos que pasáis juntos compartiendo aficiones, cocinando, hablando en la cama, sin el móvil, ese beso que os dais por ganas y sentido, sin rutina. La intimidad se construye poco a poco con ayuda de esa pasión inicial, y para ello se requiere compartir ciertos valores y creencias con la otra persona. Si se pierde la intimidad, es probable que os desconectéis también en la cama y al final el otro parezca un extraño al que incluso le tenemos cierto rechazo. Si tu relación solo se basa en la intimidad, será comparable a la que tienes con tu mejor amigo, sin pasión ni atracción, ni tampoco proyectos conjuntos de matrimonio, hijos o convivencia; es decir, una relación de cariño.

Compromiso. Es la decisión diaria de seguir con tu pareja, de no abandonar el proyecto que es vuestra relación, de no rendirse. También es el último componente que suele llegar y el que marca muchas relaciones adultas que caen en la rutina y la desconexión. Si se construye una relación con este único componente, te encontrarás ante un amor vacío, sin pasión ni conexión, solo por rutina, como esos matrimonios que se odian, pero siguen juntos por economía o por los hijos.

Como decía antes, si los tres componentes están intactos, tendríamos el **amor consumado** o **completo**, que nos da grandes probabilidades de éxito para una relación sana. Sin embargo, hay otros tipos de amor que pueden surgir cuando uno de los tres componentes falla:

Amor romántico. Cuando comienzas una relación y sientes mucha atracción y pasión, y poco a poco se genera intimidad, pero de momento no tienes intención de comprometerte con la otra persona, se genera este amor pasional y lleno de conexión, aunque aún sin planes de futuro ni expectativa, un amor joven y también libre. El compromiso puede llegar después o no, eso depende de muchos factores.

Amor sociable. Si tienes intimidad y compromiso, llegarás a un «amor sociable»: ese amor que muchos matrimonios con hijos comparten, en el que se llevan genial, se entienden, se quieren y tienen compromiso y proyectos comunes, pero ya no existe pasión ni conexión sexual o física más allá del cariño.

> **Amor fatuo.** Es ese amor basado en la pasión y el compromiso, pero sin intimidad. Se da, por ejemplo, en los matrimonios concertados o en los que se elige a alguien porque «Es atractivo y además es buen partido» o «Tiene todo lo que alguien debería tener» o «Está en nuestra misma etapa vital» o «Quiere tener hijos», etc. Y además te atrae, punto extra. El problema es que la relación no se construye desde la intimidad, no existe el conocer al otro, el tener cosas en común, la amistad. En esos casos, cuando la relación avanza, frustrado porque no es como querías que fuese, es probable intentar cambiar profundamente al otro. Esto es normal, pues en realidad nunca os conocisteis.

En el caso de María, ella quería encontrar el amor; pero estaba convencida de que llegaría y —cegada por los mitos del amor romántico— creía que desembarcaría con todo incluido desde el principio, sin esfuerzo, porque: «Cuando llega la persona adecuada, lo sabes». María al menos lo intentaba, pero he tratado a personas, llenas de miedo a ser heridas y de inseguridades, que prefieren convencerse de que están bien así para no salir nunca a buscar o abrirse a la posibilidad de amar. Por ello, es esencial dejar el orgullo y aceptar lo que quieres realmente, sin intentar engañarte. Y lo primero que tienes que hacer al respecto es eliminar la culpa en torno a querer encontrar y tener pareja. **Muchas veces veo a gente sintiéndose culpable o mal por decir que quieren una pareja, como si fuese algo malo, como si eso implicase no saber o no poder estar solo.**

> Querer encontrar a una persona con la que conectar, crecer, madurar, apoyarse y construir una vida juntos es un objetivo vital tan válido como cualquier otro, y tienes derecho a quererlo y buscarlo.

Muchas veces, cuando estás conociendo gente en el mundo online, te hacen la pregunta de «Qué buscas por aquí» y, desgraciadamente, si dices que quieres una pareja, puede llegar a ser una condena y tú puedes llegar a ser tachado de dependiente o de no saber estar solo. Hay gente que dice que «Las relaciones no se buscan» o que mejor «Vayamos despacio, por favor, porque me agobia que tengas tantas expectativas». La independencia se ha llevado al extremo y solo parece que es correcto que la pareja te caiga del cielo, porque si la buscas, significa que no estabas bien con tu propia vida. Todo esto por supuesto es falso. Y si vas a usar apps, debes saber que habrá gente sintiéndose como tú y buscando lo mismo, por lo que te pido que seas fiel a lo que buscas, que no lo abandones por encajar con la dinámica y que **no te dejes amedrentar por nadie**.

De hecho, hay una parte de eso que puede beneficiarte, puesto que si alguien te rechaza o se agobia tras una respuesta así, es indicador de que no le gusta el compromiso, no tiene claro lo que quiere, no está preparado o le asusta la gente que lo tiene claro. En estos casos, aunque el rechazo pueda doler, déjame decirte que te estás librando de una buena. Por lo cual, mantente firme en tu búsqueda y objetivos.

Por otra parte, el miedo al rechazo puede jugarte malísimas pasadas, ya que puede llevarte a decir y ofrecer cosas que realmente no quieres, a aceptar cosas que no te gustan y a no dejarte ver completamente. Pero en un caso más extremo, puede llevar a encerrarte en casa, a no querer salir ni intentarlo, y todo por miedo a ser rechazado, por miedo a no ser deseable y a lo que eso dirá sobre nuestro YO.

Aunque al principio duela mucho y vuelvas totalmente desmotivado, te recomiendo salir e intentarlo, perder el miedo y ver que no pasa nada por ser rechazado. Porque cuando entiendes que no tienes nada que perder, más allá quizá de pasar cierta vergüenza, verás que lo peor que puede suceder es quedarte igual que antes.

Lo peor de ser rechazados es el miedo que tenemos a lo que esto supone, un miedo que no tiene ningún poder si no se lo damos.

Más adelante dedicaré un capítulo a las aplicaciones de citas y sus particularidades con el rechazo (un grandísimo mundo, especialmente para las generaciones *millennial* y Z), pero ahora centrémonos en lo importante, en ir paso a paso.

VALE, SÉ QUE QUIERO UNA PAREJA Y TAMBIÉN SÉ CÓMO PODRÍA ENCONTRARLA. Y AHORA ¿QUÉ?

Una vez que hayas aceptado el hecho de que estás en la búsqueda de un compañero vital y al respecto hayas eliminado la culpa, tenemos que tomar varias decisiones, sobre las que te he escrito un capítulo dedicado a cada una:

1. ¿Qué tipo de relación quiero tener?
2. ¿Qué busco en una pareja? Al respecto, ¿de qué forma puedo orientar esta búsqueda?
3. ¿Qué tipo de apego tengo y qué me conviene en una pareja?
4. ¿Soy realista en mi búsqueda o estoy limitado por los mitos del amor romántico?
5. ¿Cuáles son las situaciones o barreras que pueden dificultar o imposibilitar totalmente mi búsqueda?

Antes de responder a todo esto, o mientras lo hacemos, podemos empezar a tontear con el ambiente, lo que yo llamo «explorar el mercado», y ver cómo de oxidados estamos a la hora de socializar, conocer gente y ligar. De hecho, quiero que seas consciente de lo beneficioso que es eso para ti y también el permitirte sentirte deseado y coquetear sin ninguna intención ni finalidad más allá de conocer y disfrutar. Seguro que has oído muchas veces decir a alguien que lleva años en pareja: «Yo ya no sé ligar» o «Ya no me funciona lo de antes». El universo romántico cambia constantemente, incluso la forma de ligar y las dinámicas, y evoluciona conforme lo hace la sociedad. El mundo online y las apps como Instagram lo han cambiado todo con sus *likes* en las historias o sus indirectas, y lo sigue haciendo cada día. Por eso es bueno que explores y veas qué te encuentras primero antes de ponerte un poco más en serio con tu búsqueda; de esta forma puedes entrenar y cometer errores con las personas no adecuadas para ti y aprender a sentirte cada vez más cómodo en tu propia piel.

Pero ¿cómo es esto de salir al mercado y explorar? Si durante mucho tiempo has sido como María y, por las razones que sean, te has mantenido en tu zona de confort, tal vez no sepas por dónde empezar. Es normal que te abrume todo esto si llevas tiempo en casa y sin salir en ese *mood* (con esa mentalidad abierta y predispuesta a ser vista y, por tanto, también rechazada), por eso voy a ofrecerte algunas propuestas que suelo lanzar a aquellos pacientes que son como María, para tener una base desde la que empezar. Algunas de estas propuestas son solo sugerencias evidentes (aunque tal vez en este punto ni se te hayan pasado por la cabeza). En cualquier caso, te recomiendo que las tomes como lo que son, sugerencias, y que elijas y reflexiones sobre aquellas acciones que se adapten mejor a ti, a tus valores y a tu modo de vivir.

1. **Sal con amistades que estén solteras y activas.** Parece una tontería, pero el hecho de salir con amigas y amigos solteros te ayuda a entender mucho mejor el mundo del «ligoteo», a entender cómo son las dinámicas, a ir a los lugares de moda, a que te cuenten sobre las mejores apps de citas y también a que te ayuden a identificar banderas rojas (o señales de peligro, que más tarde definiremos), ya que ellos llevan tiempo viéndolas. Tienen experiencia, por lo que te ayudarán a tomar atajos, lo cual te ahorrará mucho tiempo. Esto es casi necesario en las personas divorciadas, que muchas veces tienen un círculo de amista-

des en el que todos están casados y con hijos. En estos casos, y en casos de rupturas recientes, se hace necesario ampliar las amistades, y es muy normal que tus personas cercanas pasen a estar solteras, por conciencia en la etapa vital. Tienes que tener en cuenta que cuando te acabas de divorciar o salir de una ruptura queda un enorme vacío en ti, en el lugar que ocupaba tu pareja. Es recomendable en estos casos que intentes conocer gente, llenar ese hueco con personas buenas y positivas que entren en tu vida, y que compartan momento vital contigo.

2. **Pídeles a tus amistades, solteras o en pareja, que te presenten gente.** Si les comentas a tus amigos que estás soltero y en búsqueda activa de pareja, muy probablemente te encuentres que tienen un amigo en tu misma situación, al que también quieren conectar y que encaja mucho contigo. Muchas parejas se conocen así, porque alguien de buena fe hace de celestina y ve a dos personas potencialmente compatibles entre sí. De hecho, así he ayudado a gestar la mayoría de las relaciones entre amigos míos, y me ha funcionado muy bien (ser psicólogo de parejas también tiene sus ventajas… ¡Ja, ja!).

3. **Ten en cuenta las aplicaciones de citas.** Puede que seas reacio a esta opción, pero, en estos tiempos de hiperconexión digital, centrarte solo en tu círculo de siempre puede reducir muchísimo tus posibilidades de encontrar a alguien como tú. Piensa en ampliar tu radio de conexión, de solo amigos de amigos y familia, o gente que esa noche esté en la discoteca, a toda la ciudad, gente que sale y que no, gente de todos los ambientes. Es mucho más fácil y te permite explorar muchísimas opciones. Yo, personalmen-

te, siempre recomiendo las apps de citas, no solo porque así conocí a varias personas, sino porque me han permitido conocer a varios de mis mejores amigos.

4. **No pierdas de vista las redes sociales.** Subir contenido a las redes, estar activo y seguir gente nueva es una manera de conectar con las personas, especialmente para generaciones como la *millennial* y, sobre todo, la Z. Aunque parezca una obviedad, por algo se llaman «sociales»: porque te permiten socializar. Entiendo que esto quizá te dé miedo, ya que no sabes realmente quién está detrás de la pantalla, no sabes si te gusta ni si es de fiar, pero piensa que hablar con alguien a través de Instagram es mucho más seguro que irte con un desconocido a una discoteca, y además te da la posibilidad de analizarlo con tiempo y decidir si darle la oportunidad en persona.

5. **Participa de alguna actividad en grupos que vibren contigo.** El hecho de que disfrutes bailando y te apuntes a una escuela de baile, o a un taller grupal de pintura, te puede conectar con muchas personas que tengan tus mismos intereses y gustos, por lo que también puedes conocer a alguien en un ambiente más relajado.

6. **Apúntate a los planes que te inviten.** Durante esta etapa es importante que, aunque te dé pereza o miedo, te obligues a salir e ir a todas las fiestas y eventos que puedas, para conocer mucha gente y «activarte» un poco socialmente. Luego es más fácil frenar e ir eligiendo con más cuidado, pero al principio es mejor abrirte a muchas opciones y salir de tu zona de confort para explorar lo que te gusta y lo que no. Esto es fundamental a la hora de iniciar la búsqueda activa o intentar construir un vínculo.

Si acabas de separarte o llevas tiempo en casa sin salir de tu zona de confort, ten en cuenta que SIEMPRE las primeras veces van a ser desagradables antes de salir, probablemente no te apetezca, encuentres excusas y sientas que lo mejor es quedarte en casa. Es importantísimo —puede que sea lo más importante, tanto en citas como en planes de grupo— que sepas seguir adelante tolerando ese malestar, que no esperes a que desaparezca del todo, porque el malestar que produce el salir de la zona de confort no se acaba hasta que realmente sales de ella. Así que las primeras veces (siempre que no te cause un gran malestar) oblígate a salir aunque no tengas ganas, intenta abrirte, y mira también cómo te vas sintiendo. Te prometo que poco a poco vas a ir disfrutándolo y muchas veces volverás satisfecho y contento de haber ido.

Estos son algunos de los consejos que te doy para que vayas abriéndote poco a poco a nuevas posibilidades. Ahora queda lo más importante: **empezar a dirigir tu búsqueda y tomar decisiones**.

4
¿QUÉ TIPO DE RELACIÓN QUIERES? O, MEJOR DICHO, ¿QUÉ TIPO DE RELACIÓN ES LA MÁS ADECUADA PARA TI?

La pregunta que abre este capítulo es posiblemente una de las más importantes que toda persona que busque una relación afectiva debe hacerse antes de ponerse manos a la obra. Y es que no se trata solamente de decidir lo que queremos e ir a por ello. Para cuidarnos en el plano de las relaciones sexoafectivas, y ser felices con ellas, es fundamental ser realistas y honestos con nosotros mismos, con lo que podemos afrontar, mantener y ofrecer, y esto es lo más difícil de todo.

Como psicólogo especializado en el aspecto sexoafectivo de las relaciones humanas, encuentro muchas personas en la terapia que tienen unas necesidades físicas, sexuales y de intimidad concretas, que «saben lo que quieren», pero así y todo se empeñan en buscar un tipo de relación que no va para nada con su forma de ser. La influencia religiosa, cultural o familiar condiciona a las personas a elegir algo que no es para ellas, porque otro tipo de relación menos convencional o menos cercana a su modo de vida les haría sentirse mal consigo mismas, pero luego acaban incumpliendo los pactos de pareja y mintiendo, o embarcándose en relaciones en las que se sienten frustradas. No pueden darle a su pareja lo que quiere o, peor aún, la hacen sentir mal porque están insatisfechos, y lo cierto es que su pareja no puede hacer nada al respecto porque el motivo real es otro.

En ocasiones, tenemos una serie de necesidades y deseos que no casan con la vida que nos han dicho que «era para nosotros», con lo que «debería ser correcto» según nuestros valores o cultura. Si hemos crecido en una familia en la que cada vez que se veían relaciones no monógamas se hablaba de «vicio» o de «no saber lo que es el amor», o si nos hemos criado en un ambiente en el que no se contemplaba algo distinto al modelo tradicional de relación, es lógico que ni siquiera nos planteemos que puede haber otras opciones válidas. A veces ocurre que por cómo somos y por nuestra forma de vincularnos, hay algo que nos dice que ese modelo de relación no nos llena y nos hace infelices, pero pensamos que nosotros somos el problema, en lugar de contemplar buscar otro modelo que sí nos haga sentir plenos.

> **Es importante ser consciente de cuál es tu entorno familiar y cultural, explorarlo, y también ser consciente de que estás eligiendo por tu cuenta y no por la inercia de nunca haberte planteado otra cosa.**

No tiene nada de malo coincidir con los valores de tu familia o estar convencido de ellos, pero siempre recomiendo al menos tener ese momento de plantearte el porqué de todas tus creencias y ver si encajan verdaderamente contigo, sin ser hipócrita. Creo que es uno de los procesos más difíciles y que requieren de más sinceridad y valentía por parte de uno mismo.

Este era el caso de Rodrigo, un chico de veintiocho años que decía disfrutar del sexo más que nadie, le encantaba la novedad de una pareja sexual diferente, el no saber qué se iba a encontrar, y le horrorizaba la idea de empezar algo «serio» con una persona y tener que renunciar para siempre a estar con nuevas personas. Para él, una relación seria estaba vinculada con la abstinencia y la renuncia a todo aquello que era divertido o lo hacía sentir libre. Cuando exploramos sus creencias sobre las relaciones, me di cuenta de que eran casi todas negativas, pues en su cabeza las asociaba a perder su esencia y a no poder estar con nadie más. Su padre solía decirle: «Aprovecha, que una vez que te engancha una, se acabó tu juventud». Cuando le preguntaba si se veía capaz de nunca más tocar a una chica diferente en caso de enamorarse, se le cambiaba la cara por completo y me respondía esto: «Si eso pasa, mi vida se acabó, ¿verdad?».

Después de explorar el porqué de sus creencias y de si verdaderamente quería vivir con ellas toda la vida, poco a poco fui entendiendo que para él no había otras opciones válidas, y que la única que lo era le horrorizaba. **En conclusión, estaba destinado a vivir frustrado si no se trabajaba y hacía introspección.**

En medio de los meses de terapia, conoció a Paula, una chica de mente muy abierta que vivía en su ciudad y vibraba en su sintonía; ambos eran muy independientes. Cuando le pregunté si se había planteado la idea de tener una relación abierta en el plano sexual (explicándole que si lo hablaba con su pareja, ese sería un acuerdo que podría funcionarles a ambos, ya que les permitiría tener conexión y amor, y a la vez ampliar los límites en el plano físico sin necesidad de engañar ni renunciar a nada), se negaba por completo. Decía que eso era un «vicio» y que solo podía terminar mal, así que empezaron una relación monógama y él, por su parte, se ausentó de la terapia un tiempo por considerar que no había nada más que hacer, que esa relación era lo que tocaba y que tenía que aprender a vivir con ello. Es decir, nadie podía ayudarle. Yo estaba convencido de que las cosas detonarían en algún momento; pero Rodrigo siguió adelante creyendo que tenía que aceptar su relación tal y como era, que no había alternativa ni solución para su malestar, y sin entender que aquello era una bomba de relojería que podía explotar de un momento a otro. Pasaron varios meses hasta que la cosa se volvió insostenible.

> **¿Hasta cuándo podemos aguantar un modelo de vida que no deseamos solo por sentir que es lo que debemos hacer? ¿No debería ser el amor algo libre y disfrutable? ¿Es lo mismo el sacrificio sano y voluntario que la obligación no deseada?**

Efectivamente, tres meses después de dejar la terapia, explotó. Rodrigo volvió y me contó que había engañado a Paula, que no sabía qué hacer pero que, más allá de la culpa, sentía que no se podía controlar. Sé que muchos psicólogos pueden diferir en este punto, al final se trata de una postura más liberal o menos conservadora, pero soy de la opinión de que el control de los impulsos no siempre funciona o no siempre es lo más adecuado para la felicidad del paciente. Está claro que si la persona quiere, por sus valores y decisión firme, podemos ayudarla a ir en contra de lo que su naturaleza o cuerpo le pide, aprendiendo a priorizar otras cosas o a poner sus valores por encima de sus deseos físicos, pero también creo que no tenemos derecho a tachar de deficiente o negativo el hecho de que una persona conciba el sexo como algo no exclusivo o separado del amor. Ello me parece pecar de condescendencia.

Por ejemplo, yo me considero monógamo, y no me cuesta nada renunciar a otras personas cuando estoy enamorado, pero no por eso debo considerar que toda persona a la que le cueste ello tiene que trabajarlo y debe mejorar en ese sentido, como si eso fuese lo disfuncional. **Engañar a tu pareja sí es una conducta disfuncional, y parte de una no comprensión de las necesidades, mala comunicación, poca honestidad y fallo en el control de los impulsos, eso está claro.** Pero sentir que no estás hecho para una relación monógama, que no quieres renunciar a eso y que tu cuerpo te pide constantemente otras cosas, si encuentras la manera de hacerlo —con acuerdos y de forma sana—, quizá te puede hacer más feliz que vivir reprimiendo tus necesidades durante toda la vida.

Es decir, Rodrigo puede aprender a gestionar mejor su accionar; pero sus necesidades no siempre parten de algo que haya que trabajar necesariamente, puesto que pueden surgir de una forma diferente de concebir las relaciones y los vínculos, por lo que si consigue aceptar esto y conectar con alguien similar a él, le permitirá ser feliz. A veces, las personas pueden disfrutar mucho de los encuentros sexuales, vivir la posesión y fidelidad de una manera distinta y querer un tipo de relación diferente a la nuestra, y por supuesto que eso puede funcionar. Y lo afirmo porque a pesar de ser monógamo, como ya he comentado, he ayudado con éxito a muchísimas personas a abrir su relación y las he visto ser muchísimo más felices con ello.

> **Mi punto aquí es que podemos ayudar a alguien a cambiar y enseñarle estrategias de control de impulsos, entender el sacrificio y anteponer otras cosas a sus deseos; pero si le permitimos aceptarse, ser sincero con sus deseos, comunicárselos a sus parejas potenciales y establecer vínculos que se ajusten a ellos, quizá no haga falta todo ese trabajo, y quizá la persona pueda vivir feliz con su manera de entender la exclusividad y el amor.**

He visto muchas personas a las que ser fieles y monógamas les resulta precioso y sencillo; pero también veo infidelidades cada día —algunas repetidas en el tiempo— y veo personas que luchan diariamente consigo mismas, con su manera de entender la intimidad, con la incompatibilidad de lo mucho que quieren a su pareja y sus deseos de exploración, lo que me hace plantear que quizá no son compatibles con las primeras. **¿Y si en lugar de unos vivir con miedo y otros con represión, pudiéramos ser realistas con lo que buscamos y encontrar personas que vibren en esa sintonía?** Considero que de ese modo se acabarían muchos problemas de incompatibilidad.

> **Ser realistas con lo que podemos y no podemos ofrecer es crucial para querer bien a otros y tener una relación sana, y para eso es necesario aceptarnos tal y como somos, sin culpa.**

Es un proceso difícil porque para salirte de lo convencional (o, mejor dicho, de lo que es convencional para ti) tienes que salirte de los prejuicios que nos han inculcado. Pero, claro, **para poder elegir qué tipo de relación quieres primero tienen que explicarte qué tipo de relaciones existen y qué diferencias hay entre ellas**. El problema es que nadie nos cuenta esto, y tenemos muy pocos modelos de relaciones más allá de la monogamia (aunque por suerte esto está cambiando).

Dicho esto, he de resaltar que incluso en la pareja más feliz y satisfactoria es natural sentir deseo hacia otras personas, y eso no se puede controlar, pero sí el cómo reaccionamos y actuamos ante ese impulso. Para que me entiendas mejor, con algo de evidencia científica como la que expuso Katherine Wu: la atracción hacia otras personas, incluso cuando se tiene pareja, puede explicarse en parte por la interacción entre el cerebro y las hormonas. En el cerebro, sistemas de recompensa como el circuito de dopamina se activan cuando encontramos a alguien atractivo, generando una sensación placentera que nos impulsa a buscar más interacciones. Las hormonas como la **dopamina**, responsable de la sensación de placer y motivación, y la **oxitocina**, vinculada al apego y la cercanía, juegan un papel en nuestras conexiones emocionales. Sin embargo, aunque la oxitocina fortalece el vínculo con la pareja, la **testosterona** y la **dopamina** (queridas amigas que nos tocan las narices) pueden aumentar el deseo sexual y la búsqueda de novedades, lo que puede llevarnos a sentir atracción por otras personas.

Este fenómeno es natural desde una perspectiva biológica, aunque, como decía antes, nuestra capacidad de autocontrol y los valores personales influyen en cómo respondemos a esas sensaciones. En el capítulo 7 abordaré algunos de los mitos del amor romántico, que tanto daño hacen en las relaciones, por lo que hablaré de esto con más detenimiento.

Ahora sí, sé que lo estás deseando, vamos a empezar a definir los tipos de relaciones posibles:

Relación monógama (heterosexual u homosexual)
Relación monógama con excepciones
Relación abierta
Relación *swinger*
Relación poliamorosa
Relación anárquica
Relación LAT
Relación híbrida
Relación reconstituida
Relación a distancia
Relación asexual

1. RELACIÓN MONÓGAMA

Es un tipo de relación en la que la vida romántica y sexual se centra en torno a una única persona, con la que existe un compromiso y un pacto de fidelidad que ambos acuerdan cumplir. En estas relaciones el vínculo es exclusivo y un incumplimiento de este pacto podría suponer una traición capaz de terminar con la relación de pareja. **Una de las claves, si quieres tener esta clase de relación, es que cuando la inicias debes saber que estás preparado para ofrecerle eso a alguien, y que supone un esfuerzo diario.** No digo esfuerzo como sinónimo de hacer algo que no te gusta, pero sí como sinónimo de tomar conciencia de que no siempre será fácil, que habrá tentaciones, pero que has decidido comprometerte con ello, lo cual implica sacrificar tus necesidades e instintos a favor de la pareja por un bien mayor. Esto siempre es una decisión voluntaria, pero no siempre es consciente, ya que mucha gente no sabe que existen otras opciones viables (puede que sepa de su existencia, pero ni se las plantea por desconocimiento).

Aquí pueden aparecer problemas cuando uno de los miembros quiere otro tipo de relación y cede o se sacrifica porque su pareja solo contempla la monogamia, lo cual requiere poner todo en una balanza y tomar una decisión muy consciente que a veces conlleva sacrificar, por amor, las propias creencias en pro de la pareja o llegar a un punto medio donde ninguno está cómodo al cien por cien. El siguiente tipo de relación es un ejemplo de ese punto medio.

2. RELACIÓN MONÓGAMA CON EXCEPCIONES

Aquí, las personas mantienen un vínculo exactamente igual al del primer tipo de relación, solo que en días puntuales deciden abrir, habitualmente de forma sexual y acordada, la relación. **Esto quiere decir que son monógamos casi todo el tiempo, pero que un fin de semana que se van de viaje por separado acuerdan poder tener algo con alguien y luego volver al pacto original.** Puede hacerse para mantener viva la relación, para probar algo nuevo, para transicionar a una relación abierta o para explorar. Es muy común también hacer algún trío con la pareja de forma acordada, para darle novedad a la vida sexual de ambos. Yo siempre recomiendo empezar por aquí antes de abrir una relación, para ver cómo se sienten ambos, poniendo normas y planificando mucho.

Recuerdo el caso de Mario y Nacho, que tenían una relación monógama. Mario insistía en hacer un trío, pero Nacho no quería bajo ningún concepto. Entonces, Nacho vino a la consulta con ganas de abrir su mente, ya que era joven y decía que le apetecía poder explorar. Al cabo de dos meses, Nacho por fin accedió a hacer un trío, así que ambos conversaron todo concienzudamente y salieron a una discoteca abiertos a ello. Se llevaron a un chico a casa y Nacho lo disfrutó muchísimo, pero Mario no, ni siquiera se excitó. Después de tanto insistir, sus celos pudieron con él, algo que claramente no previó. Estuvo varios días en casa sin hablar con Nacho, llorando y sin poder sacarse esa imagen de la cabeza. Poco a poco lo solucionaron, ya que Nacho le hizo entender a Mario que para él eso no había tenido ninguna importancia, que solo se había dejado llevar para hacer de la experiencia algo natural, pero descubrieron que los tríos no eran para ellos. Eso puede pasar. Asimismo, tengo otros ejemplos en los que las parejas encontraron una forma increíble de explorar y disfrutar más, incluso recordando los tríos al estar solos y excitándose entre sí con ello.

3. RELACIÓN ABIERTA

Se establece entre dos personas en el marco de una relación principal que acuerdan abrirla y tienen el permiso de establecer relaciones sexuales con otras personas sin considerarlo como una infidelidad. **Es una forma de relacionarse que no tiene como base la exclusividad sexual.** Insisto en la parte sexual porque es distinto al poliamor, pues no pueden tener un vínculo romántico con otras personas. Tener una relación abierta es mucho más estructurado de lo que parece, ya que requiere muchísimas normas y comunicación. Yo siempre digo que las parejas que consiguen tener una relación abierta funcional y sana son las que más han trabajado desde el punto de vista de la comunicación y la confianza, ya que han tenido que superar muchísimos obstáculos, y se nota nada más verlas interaccionar.

Pero, ojo, una relación abierta no significa que tu pareja se pueda acostar con quien quiera y cuando quiera ni tampoco que no haya normas; además, antes de abrirla es importante sentarse y establecer el contrato o las bases, para que luego no haya lloros. Un error importante que mucha gente comete, y por el que existe la creencia de que las relaciones abiertas acaban siempre mal, es abrir la relación como último recurso cuando la pareja está mal o atravesando una crisis. Si ya no estáis satisfechos sexual o afectivamente el uno con el otro, no conectáis, existen problemas de comunicación o de intimidad, y metéis a otras personas en la ecuación, con las inseguridades y los celos que pueden originarse debido a la insatisfacción, el fracaso está prácticamente asegurado. Una relación solo se puede abrir desde un lugar de satisfacción, buena comunicación y muchísima confianza, por lo que es importante acudir a un especialista y trabajar antes de hacerlo, ya que la preparación es necesaria. Y si te estás preguntando por qué una pareja tan perfecta necesitaría incluir a terceros, la respuesta es por mera diversión y exploración, que es sano y gratis. Tenemos la concepción equivocada de que una pareja no puede jugar y divertirse, desde el punto de vista sexual, explorando de forma externa sin discutir, cuando muchas veces hacen equipo y precisamente eso los une más y hasta mejora su vida sexual exponencialmente.

En la consulta, he visto algunas parejas que entran en una rutina de infelicidad y deciden abrir la relación como salvavidas. En estos casos, muchas veces hay un deseo de conocer a alguien y vivir intensamente, buscando sensaciones fuertes, pero por comodidad o miedo a la incertidumbre hay gente que no se atreve a romper su relación. Lo que puede pasar aquí es que entren en juego terceras personas que pongan en peligro la relación y además acaben escaldadas, ya que la persona que está aburrida en su relación puede confundir la novedad y la intensidad de la aventura con el amor y no saber parar hasta que es demasiado tarde. He llegado a ver casos en los que la persona que está en una relación oculta su estado a las demás, haciéndoles creer que está soltera y disponible y dejando que las cosas avancen más allá del acuerdo de pareja.

En esta situación, siempre acaba mal parada la tercera persona, que recibe migajas de forma intermitente y esperanzas de construir algo serio, pero se siente constantemente insuficiente porque la otra persona no solo no deja a su pareja, sino que, además, al estar completamente involucrada en un vínculo, nunca tiene espacio para sentir de forma recíproca.

Es un bucle complicado, porque realmente jamás se le dio una oportunidad real a la tercera persona, por lo que nunca jugó con todas las posibilidades de ganar, y además, como no lo sabe, afecta a su autoestima y le hace creer que el problema está en ella. Por eso, amigos, es tan importante establecer bien las normas y el motivo por el cual se abre la relación, solucionando los posibles vacíos y problemas antes de hacerlo, para así evitar dañar a otros en el proceso, además de a nosotros mismos.

4. RELACIÓN *SWINGER*

Las personas mantienen un vínculo monógamo sagrado la mayor parte del tiempo, pero en días concretos acuden a unos clubs determinados de intercambio de parejas, donde interactúan, juntos o separados, con otros. Las posibilidades son muy variadas: puede ser que la pareja escoja a un tercero, o que la mujer que conforma una pareja se vaya con el hombre de otra, o que se junten dos hombres, o dos mujeres, o que estén todos juntos... Estas parejas también hacen muchos amigos en ese contexto e incluso van solo a ver y conocer. Yo siempre recomiendo ir a ver, en especial el primer día, y explorar cómo se siente uno, pues este puede ser un paso interesante e inteligente antes de abrir una relación. Recuerda que no tienes por qué hacer nada, solo estás explorando, por eso es importante tener un pacto previo con la pareja, bien de irse o bien de parar si uno se siente incómodo o sufre (en este sentido, una palabra clave suele bastar).

5. RELACIÓN POLIAMOROSA

En el poliamor no hay exclusividad sexual ni afectiva, por lo tanto, las personas pueden establecer vínculos románticos y sexoafectivos con varias personas, vínculos románticos sin sexo, o solo vínculos sexuales. Existen varios tipos:

- Se puede tener una relación principal **(poliamor jerárquico)**, en la que esta es la primaria y las demás son secundarias.
- **Polifidelidad:** abarca múltiples relaciones románticas pero el contacto sexual se restringe a los miembros del grupo.
- **Poliginia:** aquí, el varón es superior en cuanto a los derechos que posee, ya que puede tener relaciones románticas o casarse con varias mujeres, pero estas no tienen la misma posibilidad, y de hacerlo podrían ser castigadas y juzgadas con severidad.
- **Trieja, o pareja de tres personas:** todos tienen los mismos derechos y mantienen exclusividad romántica o se-

xual entre ellos. En ocasiones es como una relación monógama pero entre tres personas. También existen las relaciones cuadrejas, las quintejas, etc. En la mayoría de las triejas que he visto se partía de una relación abierta, en la que ambas personas hacían tríos repetidamente con una misma persona, esto ocasionaba un vínculo y al final acababan por incluir a la tercera persona en la dinámica relacional, para aportar ese toque que a ambos les faltaba y conseguir estabilidad relacional.

- **Poliamor no jerárquico:** no existe una relación principal y es posible tener relaciones de pareja iguales con diferentes personas.

6. RELACIÓN ANÁRQUICA

Es un tipo de relación en la que no hay normas, no existen los límites y cada uno es libre de hacer lo que quiera y decida. **Se podría considerar dentro del poliamor, pero está muchísimo más desestructurada y no se rige ni por los estereotipos sociales ni por ninguna norma de la sociedad, ni tampoco por los roles de género**. Recuerdo que unos pacientes vinieron a la consulta y me dijeron que tenían una relación anárquica; al preguntar en qué consistía, me lo explicaron y seguí adelante con una sonrisa. Hoy día ya he visto varias relaciones de estas características, las cuales, aunque parezcan muy libres, requieren cierto grado de consenso y comunicación, sobre todo al inicio.

7. RELACIÓN LAT

Siglas que corresponde al término en inglés *Living Apart Together*, es decir, no vivimos juntos porque así lo decidimos, pero podemos dormir el fin de semana en casa del otro y mantener una relación formal. **Estas personas deciden tener domicilios separados y pueden mantener la firme decisión de seguir así por una larga temporada o para siempre.** Esto es cada día más común y está muy de moda entre la gente que quiere conservar su intimidad sin ser molestada por todas las dificultades que entraña la convivencia, pudiendo así disfrutar, según dicen, de la parte bonita de la relación, en la que echas de menos a tu pareja.

Esto es especialmente común en las familias reconstituidas que tienen hijos de anteriores matrimonios y no quieren (o no pueden económicamente) crear un solo hogar donde tengan que convivir todos los hijos juntos. Al final hacen vacaciones en común y comidas familiares constantes, quizá uno de los padres vive en casa del otro el fin de semana, etc., pero entre semana, cada uno vive en casa con sus hijos. Por supuesto, cuando hay hijos en común esto suele ser el motivo decisivo para unificar las familias. No obstante, hay personas que quieren y mantienen este modelo de relación siempre, al igual que los que duermen en camas separadas por comodidad aun viviendo en la misma casa.

8. RELACIÓN HÍBRIDA

Aquí, una parte de la pareja es monógama y la otra no. Sé lo que estarás pensando: cada vez que en mis charlas hablo de esto, mucha gente me dice que una parte vive reprimida u obligada, que lo hace por miedo a ser dejada y que hay incluso dominancia de un miembro de la pareja. Pero aunque haya visto algún caso así, aquí no estoy hablando de eso. **En este tipo de relación, el acuerdo se basa en una decisión mutua debido a las necesidades de una parte de la pareja que la otra no quiere encargarse de cumplir.**

Leyre e Iván, de unos cuarenta años, eran una pareja que vino a verme por sentir diferente deseo sexual: Leyre tenía ganas muy pocas veces e Iván quería hacerlo cada día, lo cual le resultaba muy insatisfactorio. Tras mucho hablar, Leyre dijo que le apetecía probar ir a un club de *swingers* y ver qué pasaba; pero para sorpresa de todos ella no disfrutó mucho de la incursión, y lo que le puso realmente fue ver a su marido feliz y disfrutando. Desde entonces acordaron que él podía ir y ella, por su parte, quería saberlo todo, puesto que se excitaba con las historias y después mantenían relaciones sexuales mucho más intensas. Este fetiche llamado «triolismo» es bastante común, aunque esta es una variante particular, pero consiste en lo mismo: excitarse viendo mantener a tu pareja relaciones con otros, o escuchando cómo te lo cuenta. Más tarde, él quiso probar con hombres y Leyre estuvo encantada de permitirlo, a pesar de que ella seguía sin tener ninguna necesidad más allá de su marido. La relación les va genial, porque ella no siente la presión de tener que satisfacerle sexualmente por obligación equis veces por semana, y ambos se sienten felices en todos los demás ámbitos de la relación y se complementan muy bien.

9. RELACIÓN RECONSTITUIDA O ENSAMBLADA

Es una relación entre personas que estuvieron previamente comprometidas y tienen hijos de anteriores relaciones, que se unen de nuevo a una pareja, que a su vez puede o no tener hijos. **Aquí se necesita que todos se adapten a una nueva dinámica, lo cual puede ser muy difícil pero también enriquecedor.**

10. RELACIÓN A DISTANCIA

No es un tipo de relación como las demás, ya que una relación a distancia puede ser, además, monógama, abierta, *swinger*, etc., es decir, no es excluyente. **Hay gente que elige este modelo porque le resulta más fácil convivir a distancia y poder hacer su vida en libertad durante la mayor parte del tiempo.** No obstante, esta relación surge por necesidad en la mayoría de los casos, lo que conlleva una gran dificultad añadida. Estas relaciones necesitan muchísima confianza, comunicación y una estructura firme en la que ambas personas puedan verse o tengan fechas pautadas para hacerlo. Son relaciones que funcionan mucho por la recompensa de saber que la fecha de verse va a llegar, y también en muchos casos por la gran compañía que se aportan el uno al otro, especialmente cuando uno vive lejos por obligación de trabajo o algo similar, lo cual puede producir una profunda soledad y tristeza. Las relaciones a distancia son una gran salvación y apoyo emocional para mucha gente, y he visto verdaderas relaciones fuertes y estables que han sobrevivido a ella. No obstante, recomiendo siempre que en un plazo de dos años haya una idea o fecha final para que la distancia termine, porque por mucho que exista el amor, este vínculo puede resultar desgastante si no existe un proyecto de futuro conjunto que ponga fin a esa separación (digo dos años porque el enamoramiento termina aproximadamente después de un año, por lo que esta etapa es crucial).

11. RELACIÓN ASEXUAL

La asexualidad es un espectro, y las personas asexuales no sienten atracción sexual o sienten poco o nada de interés en tener sexo. Eso no quiere decir que no haya gente que no pueda disfrutarlo en algunas ocasiones si otro toma la iniciativa, pero, como ya hemos dicho, es un espectro y todo depende de dónde se encuentre la persona. **Es importante entender que la asexualidad y ser célibe no es lo mismo.** La asexualidad es una orientación sexual, mientras que las personas célibes eligen no tener sexo. Ser asexual es totalmente válido y no significa tener algún tipo de problema físico o psicológico, lo cual es diferente a la falta de deseo por un trauma o el cambio repentino en el interés sexual debido a un efecto secundario provocado por alguna medicación. ¿Cómo funciona una relación asexual? ¡Igual que cualquier otra! Las relaciones saludables están basadas en acuerdos y requieren comunicación sincera y frecuente. Hay personas asexuales que no se sienten cómodas con la penetración, la masturbación o el sexo oral, pero sí disfrutan o están más abiertas a otras muestras de contacto físico como los besos y los abrazos. A otras, por ejemplo, no les llama la atención besarse. También existen las personas asexuales no románticas, que ni siquiera tienen interés en tener vínculos románticos de pareja, y en ello difieren de las personas que tienen una relación asexual, cuya parte romántica se mantiene intacta y muy viva.

Como ya has visto, existen muchísimas opciones y todas son válidas para tener una relación vincular con una persona. Está superbién que muchas de ellas no encajen contigo ni con tu modelo de relacionarte con el otro, pero recuerda intentar no juzgar a los demás o creer que tu modelo es mejor. Tu modelo de relación, elegido de forma consciente, será el mejor para ti, pero eso no significa que sea el mejor para todo el mundo. Ahora te toca plantearte qué tipo de persona eres, cuáles son tus necesidades y, por ende, qué tipo de relación será más adecuada para ti.

> **El miedo a ser realista y sincero contigo mismo, por lo que esto puede suponer, te puede llevar a mentirte y a no reconocer partes de ti que están ahí.**

Entiendo que toda la vida hayas concebido una cosa, y que aceptar que quizá necesitas un modelo de relación distinto —que no sabes cómo construirlo, ni tienes referencias sanas en tu entorno— pueda resultar abrumador. Pero es importante que sepas que hay profesionales que podemos ayudarte, que existe mucha información y que las relaciones se construyen y aprenden paso a paso. También que puedes permitirte aprender y fracasar. Lo importante es que te conozcas y estés feliz en el camino que elijas. **Recuerda ser muy sincero en este proceso, de ello depende el éxito y la satisfacción en tu relación.**

5
QUÉ BUSCO EN UNA PAREJA Y OTRAS PREGUNTAS QUE TODOS DEBERÍAMOS HACERNOS

Una vez que hemos sanado las heridas del pasado, nos hemos reconciliado con la idea de buscar activamente una pareja y hemos decidido qué tipo de pareja es *a priori* la más adecuada para nosotros, llega el momento de plantearnos si existen ciertos rasgos que nos resultan más atractivos, ciertos patrones de personalidad que encajan mejor con lo que necesitamos y ciertos gustos, hobbies o hábitos que nos encantaría que tuviera nuestra potencial pareja para formar un equipo y compartir juntos.

Aunque ya sabemos que elegir pareja no es como elegir ropa por catálogo (a pesar de que algunas apps cada día se acerquen más a esto…), es importante tener claro y distinguir **qué cosas son simplemente preferencias**, es decir, rasgos o hábitos que nos haría ilusión que tuviera (por ejemplo, que sepa esquiar) y **cuáles son nuestros innegociables** (por ejemplo, que huela bien o que no fume, que viva en mi ciudad…) a la hora de encontrar a alguien especial.

> En una relación afectiva, los innegociables vendrían a ser aquellos límites que sabemos al cien por cien que no encajan con nosotros ni con nuestra idea de vínculo sano y duradero. Es importante ser conscientes de ellos, porque de pasarlos por alto, desarrollaremos relaciones infelices y que nos generen frustración.

Es importante resaltar esta diferencia entre «preferencias» e «innegociables», porque mientras que las primeras NO son algo fijo (que le guste el mar), los segundos sí suelen serlo (que trate bien a sus amigos). Hay cosas que por cómo somos nunca van a encajar con nosotros, y somos muy conscientes de ello, y forzarlo solo nos hará daño tarde o temprano. En cambio, las preferencias son flexibles, y que las definamos y seamos sinceros con lo que buscamos no significa que estemos cerrándonos sin posibilidad de hacer una excepción si la persona lo merece.

Hay ocasiones en las que estos innegociables pueden ser cosas variables (siempre es posible dejar de fumar o empezar a hacer deporte), y en estos casos puede que la característica por la que íbamos a descartar a alguien desaparezca, y lo demás sea tan bonito que la relación pueda funcionar. No obstante, ser firmes con ciertos aspectos nos ayuda a descartar algo que en la mayoría de las ocasiones auguraría un desastre absoluto, porque —seamos francos— que un innegociable cambie por nosotros suele ser la excepción, no la regla. No te estoy diciendo que no lo intentes si quieres, pero sí que sería más fácil iniciar vínculos con personas que ya de entrada no tengan aspectos que chocan contigo por completo, más que nada para facilitarte la vida. Es muy romántica la idea de «cambiar a alguien», y más aún la idea de que «alguien cambie por ti por amor», pero toda la energía que vas a consumir en el intento no te compensa en la mayoría de los casos. Por eso recalco que tener una serie de innegociables puede ahorrarte sufrimiento, porque si todo vale y todo está sujeto al cambio, no estamos filtrando nada y entramos en una sensación de relativismo e inseguridad, lo cual nos hará desviar de la esencia de este capítulo.

> **En conclusión: flexibilidad sí, pero fe ciega y convertirse en salvavidas no.**

Para mí, por ejemplo, que la persona no sepa comunicarse por WhatsApp o por teléfono es un innegociable; no puedo con ello porque considero que la mayor parte del tiempo la comunicación hoy día va por ahí, y, me conozco, lo voy a pasar mal. Aun así me ha ocurrido conocer a alguien tremendamente interesante y al escucharle lo de «Se me da mal esto del móvil», me he engañado y he llegado a pensar: «Bueno, quizá esto no tenga importancia; hace un tiempo, las cosas se hacían así y, además, es una buena oportunidad para vivir más en el mundo real», para posteriormente desquiciarme porque estoy de vacaciones y no puedo hablar con mi pareja más de diez minutos seguidos y obtener mi dosis de vínculo.

Como he estado en ese tipo de relaciones y he intentado probarme en este sentido, sé que por mi parte la historia no va a llegar a nada; y aunque podría pensar que la persona cambiará si se lo pido, en cuanto veo ese rasgo no dejo que la cosa avance ni me doy tiempo a «sentir» tanto como para querer tener paciencia y cambiarle, simplemente, me voy. No quiero cambiar a nadie ya desde un inicio, y para poder sentirme ilusionado, para mí es importante la reciprocidad y recibir interés por esta vía. Eso es un innegociable, ¿lo ves?

Por supuesto, algunos innegociables pueden variar con el tiempo, **porque de eso se trata la vida, de evolucionar**. Puede que por tu entorno cultural o familiar algo que antes te horrorizaba, luego, tras comprenderlo y vivirlo, te parezca una buena opción, y puede que lo que era un innegociable se convierta en algo que deseas. También he visto este tipo de casos. No obstante, lo que importa es que tengas claros tus innegociables en este momento presente, para poder optimizar el proceso de elección y no meterte en la boca del lobo (siempre sin miedo a evolucionar). Está genial ser flexible, pero hay cosas que a cierta edad sabes que no van a cambiar, y puedes vivir tranquilo sabiendo que las tienes claras (y es un alivio que así sea).

Por eso siempre digo: es clave ser realista con uno mismo para poder evitar desarrollar sentimientos por personas que no son nada afines a nosotros, porque ya salimos con ellas (clones de ellas) hace tres meses, o hace dos años, y la cosa no acabó bien.

En este sentido te propongo un **ejercicio** que me enseñó mi profesora y también psicóloga, sexóloga y divulgadora Núria Jorba, el cual me ayudó enormemente. Desde entonces, gracias a este ejercicio, he ayudado muchísimo a mis pacientes a aclarar su mente. El ejercicio consiste en dividir un folio en blanco en cuatro columnas y en responder con total sinceridad las preguntas en cada una de ellas.

En la **primera columna**, escribe: «¿Tengo alguna preferencia física?».

Aquí, por ejemplo, tendrían cabida respuestas como «Me gustan altos, sin barba, menos musculados, con voz grave, buen olor, manos grandes, ojos claros, morenos, etc.». Este suele ser el tipo de innegociables menos rígido, ya que no es tan relevante si la persona te gusta. De hecho, siempre que hago esta pregunta, la gente suele decirme que no tiene un prototipo tan concreto o que este tema no les importa demasiado, y que es suficiente mientras sientan atracción.

El cuidado del cuerpo suele ser un punto relevante para muchos pacientes; sobre todo la gente que entrena mucho destaca su preferencia por alguien que también lo haga (para ellos, es más importante la forma de vida y el cuerpo, una consecuencia de ello).

En la **segunda columna**, escribe: «¿Qué rasgos de personalidad me gustarían en una pareja?».

(Recuerda que esto es lo más importante, porque el físico varía y se marchita; un cuerpo de gimnasio puede desaparecer, pero estos rasgos vas a tenerlos contigo el resto de la relación o de tu vida).

Una respuesta válida sería del tipo: «Me gustaría que mi pareja fuera inteligente, divertida, curiosa, ambiciosa, sensible, cariñosa, responsable, que cuide a su familia, que quiera tener hijos, fiel, honesta, generosa, empática, trabajado emocionalmente, cultivada...».

En la **tercera columna**, escribe: «¿Qué planes quiero que le gusten?».

Y para mí una respuesta posible sería: «Me encantaría que le gustara esquiar, la montaña, hacer ejercicio, viajar, leer, hacer planes caseros, salir mucho de fiesta, bailar, el cine, el arte, la música...».

En la **cuarta columna**, escribe: «¿Cómo quiero que me haga sentir?». (Aquí hablamos de tus NECESIDADES, algo sobre lo que debes reflexionar).

Y podría responderse: «Quiero que me haga sentir segura, querida, escuchada, mimada, atendida, respetada, tranquila, amada, importante, prioritaria, guapa...». También puede hacerte sentir diversión, aventura, locura, pasión, misterio...

Una vez hecha esta lista, siempre recomiendo elegir tres puntos por columna que para ti sean indispensables (las demás preferencias son opcionales; aunque si las tienes, mejor). En mi caso, por ejemplo, es indispensable sentirme seguro, escuchado y querido; y por más que me gustaría sentir la aventura —ese toque de improvisación, locura y sorpresa—, no me importaría dejarla de lado si mi pareja me aporta otras cosas, porque esa aventura puedo aportarla yo si el otro está de acuerdo. Me encantaría que le gustasen los idiomas, pero puedo vivir sin ello. Sin embargo, no podría vivir con alguien que no ama viajar, puesto que llevo toda la vida haciéndolo y es parte de la persona que soy hoy día.

¿Lo vas pillando?

Por poner otro ejemplo: si tengo un trauma con el engaño porque, previamente, alguna de mis parejas me ha puesto los cuernos o ha traicionado mi confianza con sus acciones, necesitaré que la persona tenga la honestidad entre una de sus virtudes principales. Como profesional, en el caso de algunos hombres homosexuales a los que acompaño, también sé que el rol (activo, versátil o pasivo) es una condición muchas veces indispensable y crucial. Sé de varias personas que conocen a alguien maravilloso, pero no son compatibles en la cama, y esto puede estropearlo todo.

El desear tener hijos, si uno quiere y el otro no, es también una barrera enorme a cierta edad para buscar pareja, dado que se trata de un objetivo vital que acarrea grandes responsabilidades y compromiso.

Muchas veces, la persona que desea tener hijos «espera» que el otro cambie de idea y sigue adelante; pero si ello no sucede, implicará un golpe mucho más duro después de enamorarse.

Me parece que con estos ejemplos queda claro a qué me refiero, ¿verdad? En moda se usa mucho el término anglosajón *must* para decir que un complemento o color es algo NECESARIO que DEBES tener en tu armario. Al igual que una buena camisa blanca es un *must*, creo que tener claros cuáles son nuestros *indispensables* nos puede ahorrar muchos disgustos y tiempo.

Dicho todo esto, a mí siempre me gusta añadir a este cóctel tres preguntas importantes y más generales, pero fundamentales, las cuales creo que, independientemente de tus gustos, deberías hacerte antes de iniciar una relación con alguien. **Es decir, son un *must*.**

1. ¿ADMIRO A ESA PERSONA?

Bajo mi punto de vista, la admiración es el primer paso y el más profundo para un amor duradero y bonito; he visto esto en la consulta con todas las parejas que llevaban más de quince años juntos. Admirar a alguien engloba tantas cosas que no nos hacemos una idea de la magnitud de esta palabra. Si yo admiro a mi pareja es porque creo que hay algo en lo que es brillante, magnífica, especial, diferente… **En definitiva, puedo aprender de ella, me aporta cosas, crezco, me ha elegido, lo cual me hace sentir especial, y quiero compartir con ella lo que sea capaz de ofrecer.**

Muchas veces la gente niega que la opinión de los demás importe, pero presentar a una pareja a amigos y familia nos importa, mostrarla en redes en algunos casos también nos importa, y la opinión que tengan nuestros seres queridos es crucial para muchos. «Te mereces algo mejor», «Es feo», «No me gusta para ti», «No sé qué le ves», etc., son comentarios que nos pueden hacer ver a nuestra pareja con una nueva mirada, y en muchos casos puede que hasta queramos ocultarla a cierta gente porque sentimos que su opinión nos dañará o, aunque suene cruel, nos dejará en mal lugar.

> Por eso, la admiración es poderosa: es precioso sentir que nuestra pareja es la mejor del mundo para nosotros, que estamos deseando presumirla no desde el ego, sino desde el orgullo de haber encontrado a alguien tan único y brillante, y que además nos hace tanto bien.

Cuando tenemos esto, las posibles opiniones negativas de los demás son mucho menos fuertes y dolorosas, y también nuestros allegados nos ven apasionados y felices, lo cual hace más fácil la aceptación de la nueva persona en el entorno cercano. Sé que este párrafo es controversial, pero me lo encuentro tanto en la terapia que creo que es necesario añadirlo: es de esas cosas que nadie quiere admitir porque suena egocéntrico y cruel, pero vivimos en una sociedad social, y la admiración mata la comparación, la inseguridad, el miedo y las dudas.

Además, el hecho de admirar profundamente a tu pareja tiene un efecto colateral, pues provoca que tu propia autoestima y sentimiento de valía crezcan, ya que si alguien tan maravilloso está contigo y emite opiniones preciosas sobre ti, refuerza la idea de que tú también debes serlo para merecer a esa persona.

Ahora bien, **ojo y cuidado**: esto es positivo siempre que nuestra autoestima de por sí esté fuerte, como un refuerzo más entre tantos otros, porque de lo contrario, si estamos dañados y dependemos del otro en ese sentido, procedemos a idealizarlo erróneamente y a sentirnos inferiores, lo cual dará lugar a comportamientos tóxicos hacia nosotros mismos por sentir que «Bastante suerte tenemos de que está con nosotros como para quejarnos de un gesto feo».

Veo mucho este tipo de admiración en personas con dependencia emocional, que tienden a poner en un pedestal al narcisista al que se suelen vincular (se atraen como imanes por el tipo de necesidades de cada uno), y acaban permitiéndole todo solo porque está por encima y ellos mismos sienten que no valen nada. Piensa que alguien que se siente el mejor del mundo, que e adora, que no soporta que le señalen los errores, que necesita ser mirado e idolatrado todo el tiempo va a buscar precisamente ien más le refuerce esto y más le haga sentir en esa posición;

esto es: una persona sin amor propio que se sienta completamente hipnotizada por las virtudes del otro, incapaz de ver las propias y con una tendencia a ponerse por debajo. Por su parte, el narcisista se encargará de corroborar esto a diario hablando de sus grandes logros y virtudes, causando todavía más admiración en la otra persona al ver que tiene una seguridad tan grande en sí mismo y haciendo al otro más pequeñito.

Al final, viendo a tu lado a una (falsa) montaña, acabas creyendo que eres una hormiguita y, por ende, terminas dejando que todo lo que haga (malo o bueno) no sea objeto de debate. **Por eso es tan importante calibrar la admiración, con mesura y sobre todo con sentido común.** Por ejemplo, podemos pensar que nuestra pareja es un tío superinteligente, con habilidades alucinantes para las matemáticas, que además es un manitas y se le da genial el deporte, pero no es adecuado pensar que es un Dios que camina sobre la tierra y que no sabemos qué ve en nosotros.

Para ayudarte a detectar de dónde nace la admiración (la propia o la ajena), aquí van algunos ejemplos de frases de admiración sana y, por otro lado, frases que veo desaconsejables:

Admiración sana:

- «Trata genial a su madre, no sabes cómo la cuida, me encanta».
- «Se cuida un montón, siempre es firme con sus entrenamientos y admiro mucho su perseverancia».
- «Es una persona supertrabajadora, no falta nunca y además pone muchísima pasión en lo que hace».
- «Es brillante, es el primero de su promoción y no presume de ello, y además ayuda a sus compañeros».

Frases que pueden ser problemáticas:

- «Es demasiado para mí».
- «No hay nada que no haga bien».
- «Siempre tiene razón, nunca se equivoca».
- «Si me lo dice él, tengo que hacerle caso porque sabe más».
- «Me ha dicho que baje de peso; él entrena y tiene tan buen cuerpo que entiendo que no quiera estar conmigo».
- «Gana mucho dinero y aporta mucho más que yo, debo compensar eso para que no me deje».

> La clave está en ser capaces de poder ver las virtudes del otro sin opacar las nuestras ni hacernos pequeñitos en el proceso.

2. ¿ME HACE SER O QUERER SER MEJOR?

Esta pregunta es muy relativa, porque ¿a qué me refiero con ser mejor? Pues sencillamente a si me impulsa a ser mejor persona en algo, si esa admiración de la que hemos hablado en el punto anterior me enriquece. Es cierto que somos naranjas completas, no necesitamos a otros para ser un individuo pleno, pero sí podemos buscar personas que nos complementen en todas aquellas cosas que nos faltan y queremos desarrollar o construir, aportándole a su vez al otro nuestra parte.

Quizá llevas tiempo intentando tener una buena rutina de ejercicio y cuidar tu alimentación, te esfuerzas diariamente, pero por algún motivo te cuesta trabajo hacerlo. Si empiezas a salir con una persona que te dice que ese objetivo es absurdo, que come comida basura a tu lado cada día o que no te apoya en tus decisiones, probablemente no vas a conseguir mejorar en la dirección que querías. Sin embargo, si tu pareja va en esa misma dirección, y además de tener un objetivo similar (por ejemplo, el de cuidarse por motivos de salud) tiene una rutina saludable y es superperseverante, puede enseñarte y tirar de ti en ese aspecto, algo que para ti es importante. A su vez, puede que él sea muy despreocupado con la familia (por ejemplo, le cuesta acordarse de llamar a sus padres o simplemente no le sale de forma natural) y quiera cambiar ese aspecto. Tú, que eres todo lo contrario, puedes ayudarle a estar más presente con sus seres queridos y animarle en ese sentido.

> **Mutuamente, nos estamos haciendo mejores en los objetivos que ambos ya teníamos.**

Destaco lo de los objetivos que ya teníamos, porque no es lo mismo que tu pareja te inspire y despierte en ti las ganas de mejorar y crecer, a que te lo imponga en una dirección que tú no quieres y tengas que cambiar a la fuerza un aspecto de tu vida que te gusta. En ese último caso deberías revisarlo.

Recuerdo una buena amiga mía a la que su novio le dijo: «Me gustan las chicas *fit*, en forma, y tú no lo estás, así que es normal que luego no quiera acostarme contigo, porque no me atraes». ¿Veis esto una forma óptima de motivar al otro a crecer? Mi amiga quería hacer más deporte y cuidarse más y mejor, pero claramente este no es un caso de motivación ni de impulsarte a ser mejor, más bien todo lo contrario: es destruir la autoestima y machacar al otro, sabiendo que tus palabras van a herirlo. Una respuesta distinta habría sido: «Te quiero y me encantas como eres, pero si ese es tu objetivo y crees que así vas a estar más contenta contigo misma, creo que, si me dejas, yo puedo ayudarte porque llevo años entrenando y tengo algunos aprendizajes al respecto». **Se ve la diferencia, ¿verdad?**

Más allá de esto, esta pregunta responde también a algo esencial: al hecho de querer hacernos mejores personas. **Una buena persona, con valores y amor, siempre nos va a hacer sentir que nuestra vida es todavía un poquito mejor.** Si lo ponemos en términos numéricos, del 1 al 10, me gusta decir que si nuestra vida se siente como un 8,5 y aparece alguien especial, esa persona hará que estemos en un 9,5, y por eso la hemos añadido; como una pata más de nuestra mesa del capítulo 2, que ya se mantenía firme y sujeta, pero ahora lo está aún más. Es decir, **suma y aporta en algo que antes ya era estable.**

Tenemos que tener cuidado de no caer en que nuestra vida esté en un 2 y que una persona venga a convertirla en un 9, porque entonces dependeremos de ella para sentirnos seguros y felices, y no podremos dejarla, haga lo que haga, porque solo tendremos en cuenta cómo de mala era la vida antes.

> **Por eso es tan importante que vuelvas al primer capítulo siempre que lo necesites y recuerdes que el trabajo de construir una bonita relación contigo mismo dura toda la vida.**

Creo que queda claro a qué me refiero con «hacernos mejores», siempre con mesura y sin extremos. **Juntos podéis crecer como equipo, ayudaros y sentir que es más fácil de forma compartida.** En este sentido, quiero hacer hincapié en el concepto de «equipo» y poner de ejemplo a Blake Lively y Ryan Reynolds, una pareja de Hollywood que me encanta y a la que admiro por las múltiples entrevistas en las que hablan sobre su relación de forma distinta a lo que vemos normalmente. Recuerdo una en la que les preguntaban si estaban pasando por una crisis que provocaría su ruptura, frente a lo cual ambos se miraron y ella dijo algo parecido a que «Ya quisiera el resto que eso pasase» (todo ello mientras se reían y se mostraban cariñosos). Ella explicó que las crisis están ahí siempre, y que se los habrían comido hace tiempo si no fuese porque hacían frente común a esas crisis. Aquí voy a añadir que la clave está en no mirar a los problemas como algo que le pasa a uno de forma individual y que debe resolver solo, sino como amenazas a la unidad que representamos con nuestra pareja, y que si actuamos como un todo, resolveremos con mayor fuerza. A este concepto de equipo me refiero. En el caso de Lively y Reynolds, tienen cuatro hijos y un matrimonio de muchos años, y esto tan simple es su secreto.

En la actualidad, en el mundo del amor líquido y las relaciones modernas, hay cierta inclinación a una visión muy individualista de las relaciones: existe un problema y tengo que ver cómo resolverlo, tengo que ver si debo estar solo, si apartar a la otra persona para decidir algo, etc., pero no se nos ocurre pensar que ese equipo tan bonito que conformamos puede resolver el problema mucho antes y mejor. **Solos somos fuertes, pero juntos podemos ser mejores, casi todopoderosos. Si no** sientes que tu pareja te haga ser o querer ser mejor, ¿cuál es el sentido de tenerla en tu vida?

Vale la pena resaltar que esto es importante independientemente del tipo de relación que quieras construir.

3. ¿ME VE DE VERDAD?

De este concepto ya he hablado en el primer capítulo. Necesitas que la persona que vas a elegir como pareja para formar ese equipo único y todopoderoso sea capaz de leerte y ver dentro de ti. Con ella no puedes mostrar una imagen falsa para ser gustado, no puedes ocultarte tras una máscara por inseguridad, no puedes tener un guion ni un papel, no puedes ocultar tus sombras; porque si lo haces, cada vez que te dice que te quiere o que quiere compartir tiempo contigo, no lo sentirás profundo ni sincero, porque no sabrás quién es la persona a la que ama realmente. **Necesitas ser amado por quien eres, sin condiciones y sin censura, sin máscaras.**

El hecho de que alguien te vea no depende siempre de ti, también hay personas que por algún motivo te sacan hasta el alma sin esfuerzo. A mí me pasa a menudo que me encuentro gente con la que por algún motivo no me cuesta nada abrirme, que muchas cosas no hace falta ni decirlas porque ya las entienden, porque ven la intención detrás, porque me ven. En cambio, hay otras que malinterpretan muchas cosas que hago, con las que debo tener cuidado, debo explicar todo mil veces y, aun así, me parece imposible sentirme comprendido o visto de forma justa. Es decir, hay una parte que depende de cada uno y hay otra que tiene que ver con la conexión inexplicable que tenemos con algunas personas, conexión que con otras es imposible establecer, incluso con todo el esfuerzo del mundo.

Hace poco estuve viviendo un tiempo en Colombia, y allí decidí apuntarme a clases de salsa y bachata para explorar algo nuevo y salir de mi zona de confort (un concepto al que ya he hecho referencia). Las profesoras repetían mucho que el baile era energía, que debíamos sentir a la pareja y fluir con ella, y que iríamos notando cómo algunas parejas de baile nos funcionaban y otras no tanto. Justo eso mismo me pasó durante las clases: había una profesora con la que me sentía tenso, culpable, frustrado, mal, no fluía, no me entendía cuando le explicaba algo, en su mirada no sentía honestidad ni seguridad y, entonces, el baile acababa por ser frío y distante. En cambio, con Emily, una chica venezolana maravillosa, las clases eran todo risa, fluidez, sencillez, calidez... Era como estar en casa de nuevo, como sentirme abrazado, incluso en mis días malos, y entonces el baile se convirtió en un gran placer para mí.

Las dos eran encantadoras, lo intentaban y enseñaban con el mismo método, pero **a veces, de forma inexplicable, te entiendes mejor con una persona que con otra y conectáis**. En el marco de la pareja sucede lo mismo y también en la amistad. Blake Lively decía que se había casado con su mejor amigo, y que si no hubiera sido su marido, habría sido su mejor amigo igualmente, porque se entienden sin necesidad de hablar, igual que en el baile. Este concepto es importante, y para conseguir esa conexión necesitas ser visto profundamente por el otro.

Ahora que tenemos toda esta información necesitamos abrir, y entender, un gran melón que no depende de nosotros, pero que nos puede causar muchísimas desgracias, a pesar de tener todo lo demás con un *check* positivo; uno que abordaremos en un capítulo muy largo, que espero que te cambie la forma de ver el amor tanto como a mí: **hablaremos del APEGO**.

6
¿QUÉ TIPO DE APEGO TIENES Y QUÉ TE CONVIENE EN UNA RELACIÓN?

Este es el capítulo más largo y uno de los más importantes del libro, y es por eso por lo que te pido que abras la mente, porque te voy a explicar algo de una forma que probablemente nadie te haya contado, y que quizá cambie tu modo de ver a las personas.

Recuerdo el momento en el que descubrí qué era eso del apego. Estaba leyendo un libro tras una clase de psicología en la carrera en la que la definición de apego había llegado hasta mí de manera confusa; necesitaba saber más. Desde ese momento, mi cabeza empezó a analizar todos mis vínculos: intenté etiquetarlos, y me rompí por dentro según iba entendiendo el porqué de cada actitud, la manera de gestionar los vínculos de mis padres, mis hermanos, mis parejas, mis amigos…

> Entender qué configura las dinámicas de las relaciones que tengo con las personas a mi alrededor marcó un antes y un después.

Este libro no es una clase magistral de la universidad, así que mi objetivo es explicarte el apego de una forma sencilla, para que puedas tener un superpoder a partir de ahora, y también entender cómo funciona sin necesidad de ser un experto. Porque la información es poder, y entender cómo nos vinculamos puede ayudarnos a conocernos mejor, a saber qué queremos y a evitarnos algún que otro quebradero de cabeza en el camino. **Así que vamos a ello.**

Lo primero es definirlo. El apego es un vínculo afectivo que se establece desde los primeros momentos de vida entre la madre, u otra persona encargada de los cuidados, y el recién nacido, y tiene un papel importantísimo en el bienestar, el desarrollo y la formación de la personalidad del bebé. La calidad de la relación de apego influye en cómo los bebés viven y reaccionan ante el mundo que los rodea, y define en muchas ocasiones cómo se relacionan y vinculan con otras personas en la vida adulta.

Piensa que cuando nacemos nuestro objetivo biológico es sobrevivir. Para poder desarrollarnos necesitamos comprender cómo funciona el mundo para estar preparados ante sus demandas. En función de cómo responden las personas más importantes que tenemos cerca a nuestras propias demandas y necesidades, emociones y sufrimiento, podemos empezar a crear una imagen de cómo es ese mundo al que hemos venido, y así comenzamos a desarrollar creencias (nucleares) sobre el mismo y también sobre nosotros.

Por ejemplo, si tenemos padres ausentes o incapaces de darnos lo que necesitamos cuando solo somos unos bebés, es probable que desarrollemos la creencia de que el mundo es un lugar inhóspito, en el que la gente nunca brinda su ayuda y en el que debemos resolver nuestros propios problemas. En cambio, si nuestras personas de referencia son responsables afectivamente, nos cuidan, nos validan, son empáticas y responden a nuestras demandas, probablemente crezcamos pensando que el mundo es un lugar acogedor y agradable, que es posible confiar en la gente, pues nos cuidarán cuando lo necesitemos, y que buscar ayuda siempre es mejor.

Empiezas a ver por qué es tan importante lo de que tus figuras de apego primarias han hecho contigo en los primeros años, y cómo esto puede condicionar gran parte de tu vida si no lo trabajas, ¿verdad?

En los primeros meses de vida necesitamos aprender para sobrevivir, así que absorbemos todo lo que hay a nuestro alrededor; como es lógico, la información que incorporamos y nuestro aprendizaje viene de las personas que se encargan de cuidarnos. **Estas son nuestras primeras personas de referencia, de la mano de ellas descubrimos el mundo.**

Sin embargo, durante el primer año y medio de vida, no contamos con el desarrollo cognitivo necesario para generar una historia y para poder recordar con precisión lo que nos ocurre, por lo que todo va a la memoria implícita, que es un tipo de memoria a la que no podemos acceder de forma consciente; de igual modo que recordamos de manera automática cómo se monta en bici, no tenemos que pensarlo, simplemente nos subimos y ocurre, pero no necesitamos hacerlo consciente. En ese momento es como si fuésemos una grabadora activa de forma permanente, pero sin poder rebobinar ni acceder al recuerdo, lo que no significa que no esté ahí, en el subconsciente, influyendo en nuestra conducta y nuestra forma de interpretar el mundo. A medida que crecemos obtenemos acceso al hipocampo, y con ello podemos ir accediendo a los recuerdos.

El hipocampo es una estructura cerebral que juega un papel importantísimo en la codificación de los recuerdos explícitos (aquellos que podemos recordar de manera consciente, como determinados hechos). Cuando experimentamos algo nuevo, el hipocampo ayuda a contextualizar esa información y codificarla, organizando los detalles temporalmente. Cuando somos bebés no tenemos acceso a este del mismo modo en que lo tenemos más adelante, por lo que es casi imposible tener recuerdos explícitos hasta cierta edad.

Los recuerdos de apego, por ejemplo, tienden a producirse en el aprendizaje de circuito rápido, que en esencia significa que ocurren tan rápidamente en nuestra experiencia que el hipocampo los elude; son esos miles de experiencias que tenemos interaccionando con nuestros progenitores cuando somos bebés, de las cuales en su mayoría no recordamos. **En el caso del trauma es distinto: no es que el hipocampo eluda la experiencia, sino que esta es tan abrumadora y dolorosa que el sistema nervioso no puede hacerle frente.** Por eso es muy difícil entender cómo se ha formado nuestro apego, ya que hay miles y miles de momentos en los que esto ha ocurrido y que no somos capaces de recordar. ¿Ahora se entiende mejor? No es necesario que te aprendas todo esto, pero me parecía interesante darte una base más científica antes de pasar a lo que te voy a explicar a continuación.

Nuestra cultura actual, la cultura moderna, nos ha hecho pensar que toda dependencia es mala, no es sana y debemos trabajarla. De este punto de vista se desprende un argumento nuclear que me gusta: la relación ideal es la existente entre dos personas autosuficientes que se vinculan de forma madura y respetuosa dentro de unos límites establecidos. Pero esto puede llevarnos a interpretar que si empiezas a depender de tu pareja, padeces algún tipo de deficiencia y es aconsejable que vayas a terapia para poder diferenciarte y adquirir un mayor sentido de la individualidad. Sin embargo, ello no se puede aplicar a todo, ni mucho menos convertirse en una verdad absoluta, porque podría desencadenar graves consecuencias sobre la visión que tenemos de la pareja y nuestra tendencia natural a conectar con ella.

Somos seres interdependientes, necesitamos de los demás, y necesitamos cambiar el lema de «puedo hacerlo solo» por «podemos hacerlo juntos», porque eso es lo que nos ha llevado hasta aquí como especie, la socialización.

Como dicen Amir Levine y Rachel Heller en su libro *Maneras de amar*: «Cuando dos personas mantienen una relación íntima, ambas regulan el bienestar emocional y psicológico de la otra, la proximidad física y afectiva con la pareja influye en nuestras reacciones en situaciones de estrés». ¿Por qué tenemos esa necesidad de obligarnos a diferenciarnos de nuestros seres amados cuando toda nuestra biología nos dice que su cercanía nos beneficia profundamente?

Existen numerosos experimentos (como el de Kok *et al.*, de 2013, o el de Gouin *et al.*, de 2012) en los que se pone a gente en situaciones de riesgo, como subir una montaña escarpada o darles pequeñas descargas eléctricas para evaluar el dolor que experimentan, y en todas ellas se ha demostrado que las sensaciones de amenaza y dolor disminuían un poco cuando un desconocido estaba cerca, y disminuían drásticamente cuando la cercanía era de una figura de apego seguro, con la que había conexión. Esto demuestra que cuando nos encontramos seguros, con personas de confianza y que nos hacen sentir protegidos, lejos de volvernos vulnerables o dependientes, **exploramos el mundo sin tanto miedo y nos lanzamos a vivir de una forma más valiente**.

EL EXPERIMENTO DE LA SITUACIÓN EXTRAÑA

Mary Ainsworth fue una psicóloga del desarrollo que quiso poner todo esto a prueba, y para ello metió a una madre (Sarah) y a su hija (Kimmy), de doce meses, en una habitación llena de juguetes. Un ayudante las estaba esperando dentro y debía interaccionar con ellas mientras la niña empezaba a investigar, se alejaba de su madre, gateaba, jugaba con cada juguete y comprobaba si hacían ruido, si se encendían, etc., todo ello sin perder de vista a su madre.

A continuación, se le pidió a Sarah que abandonase la habitación, por lo que ella se levantó y se marchó dejando a Kimmy dentro. Entonces la niña se puso nerviosa, lloró, se dirigió hacia la puerta y paró inmediatamente de explorar el mundo y de jugar. Por mucho que el ayudante intentaba que Kimmy jugase y le trajese nuevos objetos, la pequeña se inquietaba, gritaba y se estresaba cada vez más. En cuanto la madre regresó a la sala, Kimmy se dirigió hacia ella, y entre sollozos le pidió a su madre que la cogiera en sus brazos y que la abrazara. En cuanto se calmó, gracias a tener una figura de seguridad presente, Kimmy reanudó su exploración y retomó el juego, lo que es un gran indicador.

Este experimento demostró, entre otras cosas, cómo el impulso infantil de explorar el entorno se incrementa o desaparece en función de la presencia o ausencia de la madre, o la persona encargada del cuidado, y también cómo la figura de apego principal es esencial para que un niño se permita explorar el mundo sin miedo. A esta presencia los expertos la han llamado «base de seguridad», y su existencia es fundamental para que un niño pueda desarrollar las facultades necesarias para explorar, crecer y aprender.

Como adultos, esta base de seguridad es en muchos casos nuestra pareja o entorno de amistades cercanas, y es esencial encontrar a alguien del que «depender» de forma sana y con tranquilidad. No sería normal que si tu pareja se levanta y te dice que no está feliz contigo y cree que eres una mala persona, tú te muestres indiferente, ¿verdad? Lo lógico es que tu estado de ánimo cambie y estés triste ese día, lo cual indica que tu emoción ha dependido de tu pareja. Esta dependencia es necesaria y hasta cierto punto es normal. Claro que te importa lo que tu pareja piense o sienta, y claro que influye sobre tu estado emocional, pero eso no es depender emocionalmente de forma insana de ella.

Una cosa muy distinta sería tener la incapacidad de vivir una vida plena y feliz sin esa persona, no tener herramientas ni motivos internos para que disfrutes de tu existencia y que todos tus estados de ánimo dependieran de cómo está tu pareja ese día contigo. **Entonces, ahí tendríamos un problema.**

LA TEORÍA DEL APEGO

El experimento de Ainsworth, que se estudia en muchos cursos y en la carrera de Psicología, no habría sido posible sin las contribuciones previas del psicólogo británico John Bowlby, quien, entre 1969 y 1980, desarrolló su principal aportación al campo de las relaciones humanas: la teoría del apego. Bowlby sostuvo que los seres humanos tienen una inclinación innata a buscar la cercanía y el contacto con sus figuras de apego, sobre todo en situaciones de angustia o peligro, como en el caso de Kimmy y su madre, Sarah.

Este científico, que durante la Segunda Guerra Mundial se dedicó al estudio psicológico de niños separados de sus padres que vivían en instituciones de cuidado, llegó a la conclusión de que los niños compartían tanto patrones comportamentales como respuestas ante determinadas circunstancias; en concreto, supo ver que todos ellos necesitaban la cercanía de sus figuras de referencia y cuidado. Esta respuesta se intensificaba en especial cuando se veían expuestos a situaciones de riesgo o se veían afectados por estresores ambientales.

Asimismo, estas observaciones le llevaron a concluir que esos niños buscaban, además, **el contacto físico, la seguridad y el consuelo de sus figuras de apego** para calmar su malestar y volver a un estado de seguridad desde el cual explorar lo nuevo del mundo. Conforme investigaba en qué grado se podía dar esta relación de apego, encontró que según se desarrollaba este vínculo, y en función de su calidad, tenía un gran impacto en el desarrollo emocional de los niños y su manera de explorar e interaccionar con el mundo que los rodeaba.

Los postulados principales de la teoría del apego vienen a decirnos, a grandes rasgos, que los seres humanos tenemos una necesidad innata de establecer vínculos, y que el hecho de que estos vínculos sean de calidad nos ayuda a tener una base segura desde la cual poder desarrollarnos y explorar el mundo, una base que nos proporciona seguridad, apoyo y protección. Todo esto depende de lo preparado que esté nuestro cuidador, de la calidad de sus respuestas, desde un punto de vista general, y de si satisface nuestras demandas emocionales y necesidades fisiológicas en la mayoría de las ocasiones.

Aquí es interesante hacer mención a la teoría que postuló Donald Winnicott en 1953 sobre la madre suficientemente buena, que nos dice que no es necesario que los padres sean perfectos para que tengamos un buen desarrollo, basta con que sean buenos un 70 por ciento de las veces (es decir, pueden equivocarse). Aunque los padres no sean perfectos, es suficiente con que sepan responder a las necesidades del niño y apoyarle emocionalmente de manera general. La idea central es que el amor y la atención consistentes son más importantes que la perfección.

Por último, es importante destacar que las experiencias que tenemos de niños forman modelos internos o creencias nucleares, que influyen en la manera en la que percibiremos el mundo como adultos, integrando patrones de conducta o respuestas emocionales automáticas que serán difíciles de eliminar si no se trabajan adecuadamente.

Este trabajo sentó las bases de la teoría del apego, la cual nos ha ayudado enormemente a comprender el funcionamiento emocional, **las relaciones interpersonales y la forma de vincularnos a lo largo de la vida.** Bowlby identificó cuatro tipos de apego: seguro, evitativo, ambivalente y desorganizado. Lo interesante es cómo estos estilos de apego van a marcar nuestra manera de relacionarnos y vincularnos como adultos. Si entendemos cuál es nuestro estilo de apego y aprendemos a identificar el de los otros, vamos a poder ahorrarnos muchísimos sufrimientos. Después de haber visto tantas parejas de tipo ansioso-evitativo, creo que conocer qué tipo de apego no te conviene para nada, porque no encaja con el tuyo, es algo que se debería aprender desde que somos bien pequeños.

Los cuatro estilos de apego

A continuación explicaré los cuatro tipos de apego y repasaré brevemente cómo se comportan durante la infancia y cómo evolucionan en la edad adulta. Este es un libro divulgativo, por lo que no podemos meternos a fondo en la materia (para eso hay muchísimos textos ya publicados); este es solo un breve resumen para que puedas tener las nociones suficientes e identificar patrones.

1. Apego seguro

Los niños con este tipo de apego confían en sus figuras de cuidado, lo que les permite sentirse seguros mientras exploran su entorno. Buscan apoyo en momentos de estrés y se sienten reconfortados por la cercanía emocional. Desarrollan un equilibrio saludable entre la independencia y la interdependencia («Puedo solito, pero si no pudiera, pediré ayuda»), mostrando una gran capacidad de relajación, confianza y resiliencia. Este estilo de apego fomenta la curiosidad y el crecimiento personal óptimo, al permitirles explorar el mundo con la certeza y tranquilidad de que sus necesidades serán atendidas si así lo necesitan.

Cómo podemos reconocer el apego seguro:

- **Autonomía e interdependencia.** Las personas con apego seguro son capaces de equilibrar su independencia personal con la necesidad de conexión emocional. Se sienten cómodas tanto en momentos de soledad como en compañía, lo que les permite formar relaciones saludables sin sacrificar su sentido de sí mismas.
- **Relajación.** El apego seguro fomenta una sensación de calma y comodidad en las interacciones sociales. Las personas con este tipo de apego tienden a ser más relajadas y abiertas, lo que les permite disfrutar de la compañía de los demás sin sentirse amenazadas.
- **Confianza.** La confianza en sí mismas y en los demás es fundamental para el apego seguro. Estas personas creen que sus necesidades emocionales serán atendidas y que pueden depender de sus seres queridos, lo que fortalece sus relaciones.
- **Resiliencia.** Las personas con apego seguro suelen ser más resilientes ante las adversidades. Pueden enfrentar desafíos en sus relaciones y en la vida, recuperándose más fácilmente de las dificultades gracias a su apoyo emocional y sus habilidades de afrontamiento.
- **Exploración.** Un apego seguro alienta la exploración y el aprendizaje. Estas personas se sienten seguras al aventurarse a nuevas experiencias y relaciones, sabiendo que pueden volver a su base segura cuando lo necesiten.

- **Desarrollo óptimo.** El apego seguro contribuye al desarrollo emocional y social saludable. Las personas con este estilo de apego tienden a tener un mayor bienestar psicológico y son más capaces de formar relaciones significativas y satisfactorias a lo largo de su vida.

Antes de continuar, vamos a hacer un ejercicio. Siéntate en un lugar tranquilo e imagina durante un minuto a una persona que te haga sentir seguro, que es hogar para ti, que te aporte esa sensación de calma y paz cuando está a tu alrededor, que sientes que si le pides ayuda, estará ahí para ti, que le importas. Ahora, responde estas preguntas: ¿cómo te sientes? ¿Qué sensaciones notas en el cuerpo? ¿Qué emociones asociadas han tenido? ¿Te sientes seguro y reconfortado, o tenso y nervioso?

Los adultos con apego seguro no tienen miedo a establecer vínculos y son los «sanadores» de las relaciones. Las investigaciones como la de C. Hazan y P. Shaver de 1987 han demostrado que ningún factor augura tanta felicidad en pareja como un estilo de apego seguro; y los individuos de este estilo de apego expresan muchísima más sensación de satisfacción en sus relaciones que los individuos de otros estilos. Estos adultos son **parachoques emocionales** en caso de conflicto, poseen gran flexibilidad cognitiva, comunican bien, no recurren a juegos mentales para ganar tu atención, son asertivos, les encanta la intimidad y no la temen, perdonan y no son rencorosos, se responsabilizan del bienestar de su pareja y no se agobian cuando se sienten amados.

Las parejas con un vínculo de apego seguro se caracterizan por tener una relación basada en la confianza, el apoyo mutuo y la comunicación abierta. Estas personas se sienten cómodas tanto en la intimidad como con el hecho de ser independientes, lo que les permite mantener un equilibrio saludable entre cercanía y autonomía. En momentos de estrés buscan consuelo en sus parejas, y experimentan una mayor satisfacción, estabilidad y resiliencia en sus relaciones. Además, suelen gestionar mejor los conflictos y expresar sus emociones de manera efectiva. Estas parejas también saben hacer un balance entre los momentos que pasan juntos y el espacio que dejan al otro para desarrollarse y poder «ser» de forma individual. Al tener una buena comunicación tanto verbal como no verbal, y al saber recurrir al humor cuando es necesario, se hace mucho más sencillo que puedan llegar a acuerdos sin lastimarse el uno al otro.

Antes de seguir con la lectura, he incluido —a continuación y también en cada tipo de apego— unas preguntas para que puedas identificar tu estilo de apego, así como algunos recursos prácticos. Las preguntas y los ejercicios se inspiran en los que ha recogido Diane Poole Heller en su libro **El poder del apego**. Creo que pueden resultarte de utilidad como herramienta de autoconocimiento.

Test para evaluar si tienes un estilo de apego seguro:

- ¿Te resulta sencillo conectar con otros y confías en que las relaciones serán positivas?
- ¿Te sientes en calma cuando estás cerca de las personas importantes para ti?
- ¿Puedes cambiar cómodamente entre momentos de soledad y momentos de compañía?
- ¿Tú y tu pareja os disculpáis fácilmente y buscáis soluciones que beneficien a ambos en los conflictos?
- ¿Piensas que la mayoría de las personas son bondadosas?
- ¿Es importante para ti cuidar de las necesidades de quienes te rodean?
- ¿Solicitas tus propias necesidades de manera clara y directa?
- ¿Estás presente y libre de distracciones cuando pasas tiempo con tus seres queridos?
- ¿Te esfuerzas por mantener la seguridad emocional en tus relaciones y proteger a quienes aprecias?
- ¿Disfrutas de pasar tiempo con tu pareja y tus amigos?
- ¿Expresas cariño hacia las personas cercanas a ti?
- ¿Respetas el espacio personal de los demás?
- ¿Qué valor le das a establecer límites saludables?
- ¿Finalizas una relación cuando sientes que es insatisfactoria, sabiendo que puedes encontrar una mejor opción?
- ¿Inviertes tiempo regularmente en actividades lúdicas?

2. Apego evitativo

Los niños con un estilo de apego evitativo suelen evitar la cercanía y rechazan por completo la dependencia emocional. A menudo parecen independientes y muestran menos afecto hacia sus cuidadores que el resto de los niños. Tienden a restar importancia a las relaciones cercanas y pueden tener dificultades para buscar apoyo emocional en momentos de estrés, pues prefieren gestionar sus emociones en solitario, lo que los vuelve vulnerables a situaciones que no están preparados para afrontar a cierta edad sin ayuda.

Imagina que llegas al mundo y que cada vez que sientes una emoción desagradable lloras o te enfadas, y tus cuidadores no están ahí o no saben apoyarte adecuadamente; poco a poco entenderás que no puedes contar con los demás e irás desarrollando la costumbre de solucionar todo solo. Al final te irás guardando todo para dentro, y si nadie te enseña a regular las emociones o a identificarlas, ni siquiera sabrás lo que te pasa ni cómo gestionarlo. Es decir, no sabrás expresarte.

Como adultos, las personas **con apego evitativo** tienden al aislamiento emocional, no les gusta nada compartir cómo se sienten y les cuesta muchísimo identificar emociones y expresarlas con otra gente (en los casos más extremos pueden desarrollar conductas antisociales). Estos adultos probablemente sentirán incomodidad relacional en la intimidad y sensación de separación entre ellos y el mundo. Puede que tengan amistades, pero serán amistades con una base superficial y en la cual no hay expresión emocional profunda; de hecho, nadie los conoce verdaderamente. En el ámbito sexual, suelen sentirse más cómodos con la masturbación en solitario o con relaciones de una noche, sin compromiso ni comunicación, en las que no se requiere conexión ni hay demanda por parte del otro. Si están en pareja, probablemente carecerán de planes en los que se fomente la conexión profunda, las miradas a los ojos, el tiempo a solas, y será una relación en la que la otra persona, de no tener el mismo tipo de apego, se sentirá constantemente recibiendo migajas, como si nunca fuese suficiente. Su incapacidad para expresar emociones y comprometerse de forma clara los convierte en personas muy difíciles a la hora de establecer un vínculo estable y duradero.

A las personas con este apego, al ser muy complicado identificar sus propias emociones y necesidades, también les resultará difícil identificar las tuyas y por lo tanto les costará ofrecer un verdadero apoyo emocional; a ellos les será más sencillo aportar de forma práctica y demostrar su amor con actos de servicio.

Mi padre, por ejemplo, es un hombre que cuida de su familia profundamente, es muy entregado y lo ha dado todo por nosotros. No obstante, estuve muchos años distante con él por su incapacidad para expresar emociones, pues era (y es) imposible hablarle sobre sentimientos, porque intenta minimizarlos o retirarse. Nunca fue capaz de decir, por ejemplo, «Me siento triste». Esto, como persona sensible que soy, me mataba, ya que cada vez que tenía un problema sentía que tenía que resolverlo por mí mismo, también que sentir significaba ser débil y que ir al psicólogo era para gente que no podía con sus problemas. En cambio, ante el mínimo signo de enfermedad se pasaba la noche al lado de mi cama cuidándome, ante el mínimo problema económico ahí estaba para prestarme dinero, ante cualquier avería en mi coche o mi casa, enseguida venía a prestar ayuda. Esta es su forma de decir «me importas». Si analizas su historia, creció en un internado, donde probablemente no tenía apoyo emocional; y si pasaba algo, todo el apoyo que podía recibir era material o funcional, una transacción. **Entender cómo se relaciona me ha ayudado mucho a mí y a nuestra relación.**

Nos pasamos la vida intentando cambiar a nuestros padres, o enfadados tras hacer nuestro trabajo personal, cuando ellos no han sabido hacer el suyo. Pero podemos dar el ejemplo y, con todas esas ganas que tenemos de buscar su aceptación y exigir que nos acepten tal y como somos, empezar por entenderlos y aceptarlos primero nosotros (siempre y cuando no nos hagan un daño constante). En mi caso, he aceptado que mi padre me quiere profundamente, que su forma de expresarlo es la que es, y que yo elijo verla y apreciarla, buscando apoyo emocional en otros lugares. Aunque, no voy a mentir, sigo luchando para que todos los miembros de mi familia me dejen recomendarles un psicólogo; ¡no me rindo!

Cómo podemos reconocer el apego evitativo:

- **Incomodidad relacional y sensación de separación.** Las personas con apego evitativo tienden a sentirse incómodas en relaciones cercanas; prefieren mantener distancia emocional para evitar la vulnerabilidad. Esta sensación de separación es una estrategia para protegerse del rechazo o de la dependencia emocional.
- **Disociación.** En momentos de estrés o conflicto, quienes tienen apego evitativo pueden desconectarse emo-

cionalmente, evadiendo el malestar al no involucrarse completamente con sus emociones o las de los demás.

- **Dificultad para el contacto visual.** Las personas con apego evitativo suelen evitar el contacto visual prolongado, lo que refleja su incomodidad con la intimidad y la conexión emocional directa.
- **Autorregulación.** Tienden a depender exclusivamente de sí mismas para gestionar sus emociones, evitando buscar apoyo en otros, lo que puede llevar a una desconexión emocional o a la supresión de sus sentimientos.
- **Problemas para identificar las necesidades personales.** Dado que minimizan la importancia de sus emociones, pueden tener dificultades para reconocer y expresar lo que realmente necesitan, lo que a menudo lleva a la represión de sus deseos.
- **Orientación hacia el hemisferio izquierdo.** El estilo de apego evitativo suele inclinarse más hacia el pensamiento lógico y analítico (hemisferio izquierdo del cerebro), dejando de lado la intuición y la emoción.
- **Tendencia a la acción.** Estas personas tienden a evitar la introspección emocional y prefieren ocuparse en actividades o acciones concretas para distraerse de las emociones difíciles.
- **Inhibición de gestos.** Quienes tienen un apego evitativo pueden mostrar gestos físicos inhibidos o contener sus expresiones emocionales, lo que refleja su resistencia a la cercanía o al contacto emocional abierto.

Test para evaluar si tienes un estilo de apego evitativo:

- ¿Te cuesta mantener relaciones cercanas?
- Después de momentos de cercanía, ¿tiendes a crear distancia emocional?
- ¿Te resulta difícil relajarte en situaciones íntimas con tu pareja?
- ¿Te sientes incómodo cuando alguien se acerca físicamente?
- ¿Te es complicado pedir ayuda a los demás?
- ¿Tienes dificultades para identificar o expresar lo que necesitas?
- ¿Te incomoda mantener el contacto visual?
- ¿Prefieres trabajar solo antes que en equipo?
- ¿Disfrutas más de las actividades solitarias que grupales?
- ¿Sueles juzgar a los demás por no ser más independientes?
- ¿Te molestan las personas muy emocionales o dramáticas?
- ¿Te resulta más fácil pensar en lo que es importante que hablar de tus sentimientos?
- Tras terminar una relación importante, ¿sentiste alivio inicialmente?
- ¿Te sientes más conectado con tus exparejas después de que se termina la relación?
- ¿Piensas que hay alguien perfecto aún por conocer, en lugar de comprometerte con tu pareja actual?

Si has respondido afirmativamente a la mayoría de estas preguntas, te recomiendo hacer una terapia enfocada en la conexión emocional y en sanar el niño interior para reconectar. Antes de seguir, tómate unos minutos para ti y familiarízate con la siguiente práctica, para que puedas llevarla a cabo en compañía de alguien valioso para ti.

Visualiza una actividad que realmente disfrutes y que te brinde felicidad, un espacio donde te sientas seguro. Elige a una persona significativa en tu vida para realizar esta actividad juntos, intenta sentirla plenamente y repítela todas las veces que haga falta. Es crucial que le comuniques a la otra persona por qué esta actividad es importante para ti, y que lo hagas en un entorno privado (es decir, evita los grupos). Haz un esfuerzo por ser más abierto, mantener el contacto visual y compartir algo que el otro no sepa sobre ti. Observa cómo cambia la conexión entre vosotros después de esta experiencia.

3. Apego ambivalente o ansioso

Los niños con un estilo de apego ambivalente suelen estar excesivamente preocupados por la cercanía y la aprobación de sus cuidadores. Esto les dificulta explorar su entorno, mostrando ansiedad y resistencia cuando sus cuidadores intentan separarse de ellos. Tienen problemas para sentirse seguros en las relaciones y tienden a buscar constantemente la validación y la atención de quienes los rodean.

A veces, los padres no se han mostrado muy constantes en la manera de reaccionar ante las demandas que tenía el niño, y este ha tenido que volverse superobservador para poder predecir en qué estado se encuentran sus padres antes de pedirles nada, generando un estado de alerta o ansiedad. También he visto casos en los que un hermano es evitativo y el otro es ansioso ante un mismo ambiente, esto es debido a una elección de estrategia de supervivencia. Piensa que si sus padres no están siempre ahí para ofrecerle seguridad y cobijo emocional, puede optar por evadirse y decidir hacerlo por sus propios medios, o por buscar mil maneras de conseguir ser válido y merecer ese amor, analizando todo al máximo para lograr esa conexión que necesita.

Cómo podemos reconocer el apego ambivalente:

- **Ansiedad por separación.** Los niños con apego ambivalente suelen experimentar una intensa angustia cuando se ven separados de sus cuidadores, lo que puede manifestarse en llantos y rabietas. Esta ansiedad se origina de la inseguridad en la relación y el miedo a ser abandonados.
- **Búsqueda constante de proximidad.** Estos niños tienden a buscar estar cerca de sus cuidadores en todo momento, mostrando dificultad para alejarse y explorar su entorno. Su necesidad de cercanía es una forma de gestionar su inseguridad emocional.
- **Hipersensibilidad, llamada de atención y ciclos que se autoperpetúan.** Su sensibilidad a las señales de sus cui-

dadores puede llevarlos a buscar constantemente atención y validación. Esto puede crear un ciclo en el que la necesidad de atención se alimenta de su inseguridad, dificultando la estabilidad emocional.

- **Orientación hacia el hemisferio derecho.** Este tipo de apego está relacionado con un predominio del hemisferio derecho cerebral, que se asocia con las emociones y las relaciones interpersonales. Esto puede llevar a una mayor percepción de las emociones, tanto propias como ajenas, pero también a vulnerabilidad emocional.
- **Celos.** La inseguridad en las relaciones puede generar celos intensos, especialmente si sienten que sus cuidadores prestan atención a otros. Este comportamiento refleja su miedo a la pérdida y al abandono.
- **Sensación de insuficiencia.** A menudo, estos niños pueden sentirse inadecuados o no suficientemente buenos, lo que refuerza su necesidad de aprobación y afecto. Esto puede llevar a problemas de autoestima en la vida adulta.
- **Necesidad de refuerzo.** La búsqueda constante de validación y refuerzo por parte de los demás es común en estos niños. Buscan que sus cuidadores les demuestren su amor de manera constante para sentirse seguros.
- **Somatizaciones.** La ansiedad y el estrés emocional pueden manifestarse en síntomas físicos, como dolores de cabeza o problemas gastrointestinales. Estos síntomas son una expresión de su angustia interna.
- **No creen en la conexión pero quieren conectar.** A pesar de su deseo de cercanía, pueden dudar de la autentici-

> dad de las conexiones emocionales. Este conflicto interno genera frustración, ya que anhelan relaciones significativas pero temen no poder confiar plenamente en los demás.

Los **adultos con apego ansioso** tienen tres esquemas nucleares que los definen principalmente: el miedo al abandono, la sensación de que «hay algo malo en mí» y el «no soy suficiente». Estos adultos demandarán atención constantemente y necesitarán saber casi cada día que su pareja los quiere, siendo los mejores analistas de conducta por toda esa experiencia pasada dedicados a ello.

Te pongo un ejemplo: puede que le escribas a tu novia ansiosa un mensaje normal de «buenas noches», y que ella note que ese mismo mensaje, que también le enviaste la noche anterior, hoy no tiene un corazón (ayer sí lo tenía); lo que le hará pensar que quizá te pasa algo, y la llevará a comerse la cabeza y preguntarte si te estás cansando de ella y si vas a dejarla. No siempre es un ejemplo así de extremo, pero esto lo he visto miles de veces. El problema de los apegos ansiosos es que no se sienten suficientes, y necesitan compensar eso siendo grandes trabajadores, estudiantes o dar muchísimo a su pareja para sentir que merecen ese amor. Cuando se frustran y se agobian, demandan muchísima atención y cariño de su pareja, lo cual puede saturarla, hacerla sentir que no puede satisfacer las demandas y acabar dejando la relación por no soportar la presión. El ansioso refuerza su creencia de que va a ser abandonado y refuerza su estilo relacional aún más. Cuando este tipo de apego se vincula con un apego evitativo, todo esto se intensifica muchísimo; entonces, el dolor y el malestar se agravan. Esto se conoce como la **trampa del apego ansioso-evitativo.**

El apego ansioso y el apego evitativo se atraen como imanes. El ansioso siente constantemente de por sí que no tiene suficiente, y el evitativo de por sí se entrega poco, por lo que el efecto será mayor en las necesidades del ansioso, que se volverá más ansioso y se sentirá muy poco visto y presionado. El evitativo, por su parte, lo que más necesita es espacio y calma, por lo que apartará al ansioso y le hará sentirse abandonado y todavía más culpable por hacer todo mal. Al final, el evitativo acabará dejando la relación para huir de la presión y refugiarse en su soledad, haciéndole ver al ansioso que tenía razón en preocuparse, ya que todo el mundo acaba abandonándole, y que su conducta de control solo le avisaba y era buena. Entonces, en la siguiente relación, el ansioso irá aún con más miedos e inseguridades, incrementando su conducta (e incluso con mucha mayor probabilidad de ser dejado). Todo ello formará un círculo vicioso terrorífico: la persona provoca sus propios abandonos y cree que sus análisis y su conducta controladora podrán salvarlo de sufrir, cuando es precisamente lo contrario.

En referencia a esto, quiero compartirte el caso de Anabel, una chica tremendamente talentosa en su trabajo, con muchas amistades y muchísimas cualidades, pero que tendía a perderse a sí misma cada vez que conocía a un chico. En el momento en que empezaba a sentir cosas, se consumía en unas dudas e inquietud constantes; le preocupaba tanto ser abandonada o hacer algo que provocase el final de su relación que acababa por descuidar todas sus áreas vitales y agobiar profundamente a sus parejas. Ella me decía que era como si no fuese dueña de sí misma y como si toda su energía y su mente estuviera centrada en encontrar indicios de que la otra persona se estaba cansando de ella: una despedida fría, un emoji bonito de menos, una caricia que el chico rechazase o un plan que no le apeteciese hacer con ella eran motivos para que Anabel sufriese profundamente.

El hecho de ser tan obsesiva y analítica en esta materia era beneficioso para su trabajo como profesora, ya que podía comprender a sus alumnos y ser muy querida por estar al tanto de sus necesidades, pero en lo relativo a las relaciones de pareja estaba consumida por la ansiedad de anticipar lo peor. Poco a poco fuimos trabajando en torno a su flexibilidad, que Anabel entendiese que su mente le traería la peor de las conclusiones, pero que existían infinidad de posibilidades más por las cuales el chico podía no estar respondiendo de una determinada manera, y que muchas de ellas no tenían nada que ver con la relación. Todo esto —junto al entrenamiento en la comunicación directa y asertiva con su potencial pareja, el poder explicar cómo funcionaba su mente y preguntar directamente ciertas cosas, entender de dónde venían sus heridas y calmar el malestar— nos permitió que cada vez sus vínculos fuesen menos destructivos para ella. Tras unos meses de terapia conoció a un chico encantador, de apego seguro, y aunque en un principio necesitó algo de ayuda y hubo ciertas situaciones estresantes, con trabajo y regulación emocional pudimos construir una base segura en su relación.

Se podría pensar que los apegos ambivalentes están siempre relacionados con personas impulsivas o inseguras, pero un dato curioso es que la mayoría de los psicólogos que conozco somos apegos ansiosos, lo cual tiene sentido, porque la mía es una profesión en la que nos preocupamos por leer a los demás, entendernos a nosotros, a otros, y desarrollar habilidades de vinculación, aspectos que son propios del apego ambivalente. Con el tiempo, en mi caso, he aprendido a gestionar mi apego hacia un lugar seguro, y a pesar de mi tendencia natural, he podido regularme. Tú también puedes, así que luego, al terminar el capítulo, te explicaré con más detenimiento cómo hacerlo.

Test para evaluar si tienes un estilo de apego ambivalente:

- ¿A menudo te atraen personas que no están disponibles emocionalmente?
- ¿Pides disculpas por cosas que no has hecho por miedo a molestar a alguien?
- ¿Tiendes a perder tu identidad o a fusionarte con los demás en las relaciones?
- ¿Tu pareja te considera dependiente o inseguro?
- ¿Te resulta complicado rechazar a los demás o establecer límites?
- ¿Sueles dudar de ti mismo y de tus decisiones?
- ¿Sientes que das más de lo que recibes en las relaciones?
- ¿Te cuesta reconocer y sentir los gestos de amor de tu pareja?
- ¿Te resulta difícil estar solo?
- Cuando estás solo, ¿a menudo experimentas sensaciones de abandono o tristeza?
- ¿Anhelas conexión pero temes perder a tus seres queridos?
- ¿Te sientes molesto o discutes tras estar lejos de tu pareja?

- ¿Necesitas a otros para sentirte tranquilo?
- ¿A menudo revives experiencias pasadas sin poder perdonar?
- ¿Crees que tiendes a quejarte y a minimizar los gestos cariñosos de los demás?

Si te has reconocido en estas preguntas, probablemente vives las relaciones con mucho sufrimiento y malestar. Es necesario que trabajes esto, pero sobre todo que intentes buscar apegos seguros, pues estos van a proporcionarte la tranquilidad y paz que necesitas, no van a asustarse ante tus demandas y van a ir ayudándote a entender que no hay necesidad de vivir así.

Antes de continuar, déjame compartirte una herramienta a la que puedes acudir siempre que te haga falta.

Cuando te encuentres imaginando una situación catastrófica sobre tu relación actual («No me contesta porque me va a dejar, porque está con otra, porque me va a hacer ghosting...»), prueba a dibujar una estrella de cinco puntas. En cada punta pon una posible realidad alternativa como: «Se quedó sin batería», «Le robaron el móvil», «Está con su familia», «Ahora quiere estar solo, y eso no tiene nada que ver conmigo», etc. Sé consciente de todas las posibilidades y de lo irrisorio que sería creerte una de ellas y darla como verdadera sin saber qué pasó. Quiero que esperes a tener una solución, que aceptes que desconoces la realidad y no actúes impulsivamente.

> Practica esto muchas veces y verás cómo poco a poco te vas dando cuenta de que rara vez es lo que sospechabas.

4. Apego desorganizado

Se manifiesta a través de respuestas contradictorias de los niños hacia las personas encargadas de su cuidado. Estos niños pueden alternar entre buscar cercanía y mostrar miedo o evitar a sus cuidadores. Este tipo de apego a menudo está relacionado con experiencias traumáticas o abusivas.

Cómo podemos reconocer el apego desorganizado:

- **Inestabilidad familiar.** Los niños con apego desorganizado a menudo provienen de entornos familiares caóticos o inestables, en los que la seguridad emocional no está garantizada. Esta inestabilidad puede surgir de conflictos entre los cuidadores, del abuso o de la falta de consistencia en la atención.
- **Irregularidad emocional.** Estos niños pueden experimentar fluctuaciones emocionales extremas, alternando momentos de cercanía y temor. Esto dificulta la regulación emocional, lo cual genera ansiedad y confusión.
- **Comunicación confusa.** La comunicación de estos niños suele ser ambigua y poco clara, lo que puede dificultar la expresión de sus necesidades. Pueden enviar seña-

les contradictorias a sus cuidadores y crear confusión en las relaciones.
- **Orientación hacia la amenaza.** Su atención puede estar constantemente enfocada en posibles amenazas, lo que los lleva a estar alerta y ansiosos. Este enfoque en el peligro les impide disfrutar de relaciones seguras.
- **Egocentrismo y comportamientos de control.** Pueden mostrar un egocentrismo marcado, lo que los lleva a intentar controlar situaciones o relaciones para sentirse más seguros. Esta necesidad de control puede dificultar la interacción social.
- **Ausencia de control de impulsos.** La falta de regulación emocional adecuada puede llevar a comportamientos impulsivos. Estos niños pueden reaccionar exageradamente ante situaciones que perciben como amenazantes.
- **Sensación de fracaso constante.** A menudo, sienten que no son lo suficientemente buenos o que con frecuencia fallan en satisfacer las expectativas de sus cuidadores. Esto puede afectar su autoestima y percepción de sí mismos.
- **Confusión y conflicto interno.** Experimentan un tira y afloja emocional, en el que en un momento desean intimidad y en otro se sienten abrumados por el miedo, lo que los lleva a retirarse y cortar la conexión emocional.
- **Desasosiego y respuesta de bloqueo.** La inseguridad puede generar un estado de desasosiego, en el que los niños sienten ansiedad y, a menudo, responden bloqueando sus emociones o desconectándose de la situación para protegerse de posibles daños emocionales.

Como adultos, los **apegos desorganizados** son los más complicados. El patrón desorganizado tiene como esquema nuclear que las relaciones son peligrosas y la intimidad puede dañar, por lo que viven todas las relaciones de manera extrema. Por todo esto son personas con una inestabilidad emocional oceánica y tienen cambios bruscos entre felicidad e ira, sin entender bien por qué se ha despertado ese monstruo de un momento a otro. Presentan dificultades para mantener relaciones y vínculos, y en general tienen pocos amigos y ninguna relación romántica satisfactoria, al menos no sin llevar a cabo un trabajo previo. El egocentrismo y los comportamientos de control son típicos de este estilo, ya que gestionar tanta intensidad supone un enorme enfoque interno, y esto se manifiesta mediante el control: si gestiona y supervisa todo a su alrededor, la vida no puede darle un palo inesperado.

Paradójicamente, estas personas manifiestan una ausencia del control de impulsos, ya que no han aprendido a gestionar sus sentimientos y ante tanta intensidad emocional pueden llegar a cometer actos nocivos para sí mismos o para los demás, por lo que serán agresivos o violentos. La sensación de fracaso constante los invade; y ante tantas frustraciones vividas debido a su personalidad, han acabado por sentir que nada les sale bien y pueden tener una actitud hostil ante las personas y la vida.

Por último, la concusión, el conflicto interno, el desasosiego, la disociación y el bloqueo suelen ser también manifestaciones muy típicas. Un ejemplo muy claro de disociación es la pérdida de memoria o la falta de recuerdos de la infancia.

A pesar de que no tiene buena pinta, si se les proporciona un apego seguro, se realiza una terapia reparadora, se les pone límites y se les habla asertiva y claramente, poco a poco estos apegos pueden aprender a regularse a través de las experiencias.

No hay ningún caso de apego imposible; si lo creyese así, no hubiera estudiado psicología. Por su complejidad, el apego desorganizado suele dar miedo o generar la sensación de que es demasiado peligroso para tratarlo, pero he visto muchos casos de este tipo regularse y mejorar hasta tener una vida funcional.

Test para evaluar si tienes un estilo de apego desorganizado:

- ¿Tiendes a sobresaltarte de manera exagerada cuando alguien se te acerca de forma inesperada?
- ¿Consideras que las relaciones íntimas pueden ser arriesgadas?
- ¿En ocasiones te sientes paralizado o incapaz de actuar en tus relaciones con los demás?
- ¿Te resulta difícil interpretar las señales contradictorias que te envían las personas (como «acércate» o «aléjate»)?
- ¿Experimentas un miedo inexplicable cuando alcanzas un nivel de intimidad con alguien?
- ¿Suelen quejarse otros de que eres demasiado controlador en las relaciones?
- ¿A menudo anticipas lo peor en tus interacciones con los demás?

- ¿Sientes que las relaciones cercanas activan emociones difíciles de manejar?
- ¿Tienes dificultades para confiar en tu pareja, a pesar de saber que es de fiar?
- ¿Te sientes desconectado, confundido o disociado en tus relaciones?
- ¿Te cuesta recordar o hablar sobre tus sentimientos en relaciones pasadas?
- ¿Experimentas bloqueos de memoria con relación a hechos o períodos significativos de tu vida?
- ¿Sufres cambios emocionales repentinos? (Por ejemplo, pasas de la felicidad al miedo o la ira).
- ¿Te sientes estresado o confundido ante situaciones complicadas o instrucciones poco claras?
- ¿Has sentido un profundo deseo de conectar con otros, seguido de un impulso repentino de alejarte?

Las experiencias correctivas

Probablemente, después de digerir toda esta información te asalten muchas dudas, como ¿se puede modificar el apego? Si tengo un apego evasivo o desorganizado, por ejemplo, ¿puedo cambiar y lograr tener un estilo de apego seguro? Para contestar estas preguntas, voy a hablar de las experiencias correctivas y su gran valor en el aprendizaje y el desarrollo emocional.

Hay mucho debate entre la comunidad científica al respecto, y según preguntes a unos u otros te dirán cosas diferentes, pero yo voy a hablar desde mi perspectiva y de lo que he comprobado en la terapia.

A mí me gusta decir que el apego es como una casa de cuatro pisos. Los cimientos o la base son nuestros padres y las experiencias tempranas; el primer piso, nuestros compañeros del colegio, el *bullying* que podemos llegar a sufrir en la adolescencia, las experiencias bonitas, etc.; el segundo piso es nuestra primera relación romántica significativa, la que nos marca de verdad; el tercer piso son las experiencias que tenemos de adultos y, por último, el cuarto piso o ático, nuestro psicólogo.

Si bien es cierto que los cimientos de la casa no se pueden cambiar, son los que son, eso no determina el tipo de materiales con los que construiremos la parte de arriba, puesto que podemos mejorar y sobre todo podemos crear un hogar decente. ¿Cómo? A través de experiencias correctivas.

Las experiencias correctivas son aquellas que tenemos ante una situación que en el pasado se ha resuelto o vivido de una manera dolorosa, pero que es posible vivirla de forma diferente, satisfactoria y sana.

Por ejemplo, si has vivido muchas veces que siempre que hay una discusión la gente se insulta y posteriormente se pierden las amistades, has sufrido abandonos y te has acostumbrado a ello, es lógico pensar que vas a perder a las personas cada vez que esto ocurre. Es decir, anticiparás el final.

Sin embargo, si conoces a una persona sana, y tras una discusión te frena y te expresa que a pesar de todo sois amigos, que no quiere hacerte daño, que los amigos discuten pero también se perdonan, es probable que te quedes helado, sorprendido, puesto que ello va en contra de tu experiencia hasta la fecha. Muchas situaciones de este tipo harán que aprendas que los conflictos se resuelven, que no se insulta a la gente que quieres, y que, siempre que se pueda, en lugar de irte tienes que quedarte y arreglarlo. Esto pasa mucho con las personas que nacen en entornos conflictivos en los que nada se habla y solo se grita, pero encuentran una pareja sana que resuelve de modo asertivo. Al principio les cuesta entender qué pasa y cómo funciona, pero poco a poco irán aprendiendo que hay otra manera de resolver los conflictos, que es a través de las experiencias correctivas.

Por lo tanto, estas experiencias no van a quitarte del todo la tendencia natural con la que has vivido veinte, treinta o cuarenta años de tu vida, pues es probable que siempre quede algo, los cimientos; pero **basta con ser consciente de que un determinado patrón es defectuoso y que para remediarlo se debe activar uno distinto, uno seguro y aprendido.**

Mi amiga Cristina tiene un apego evitativo como una casa. Ella siempre me cuenta cómo cada vez que discute con su marido, o se siente mal por algo personal, solo quiere apartarlo e irse a su cuarto por ocho horas; lo cual a él le provoca sufrimiento, ya que es un apego seguro y tiene tendencia a apoyarla y a querer comunicarse. Como ella es psicóloga, y una persona muy muy trabajada, ha aprendido estrategias de compensación, por lo que es capaz de comunicarle a su pareja que le quiere mucho y que piensa sentarse a hablar y resolver el problema, pero que necesita un rato para procesar lo sucedido. Él entiende su tipo de apego, de dónde viene su estrategia y le da espacio, negociando que luego ella venga y le cuente todo.

Al final, esto no va de ser perfectos. Esto va de ser conscientes y hacer esfuerzos por entender a la persona con la que tenemos una relación, y también a nosotros mismos, de modo que el «Soy así y no puedo cambiar» se convierta en un «Soy así, me entiendo y puedo aprender a hacerlo de forma más sana para ambos, porque al final del día somos un equipo».

7
ALGUNOS MITOS DEL AMOR ROMÁNTICO Y CÓMO NOS LA HAN COLADO

Este capítulo se podría enfocar de muchas maneras, pero creo que la más adecuada y más útil para lo que nos ocupa es no solo desmontar los mitos, sino analizar el núcleo y la trascendencia de cada mito, dándole profundidad y explicando de dónde viene y cuál es su sentido. Los mitos del amor no son absurdeces que la gente se cree porque es estúpida o poco inteligente, tienen un sentido y nos creemos que sacamos un beneficio positivo de ellos, por eso decidimos creérnoslos, a pesar de que ese beneficio tenga más coste del que somos capaces de percibir. Y ahí está la clave: **entender qué perdemos cada vez que aceptamos vivir con esos dogmas que, al asimilarlos como verdaderos, condicionan nuestra vida romántica.**

Comencemos por diseccionar algunos mitos, comprender de dónde vienen y razonar por qué nos perjudican sin que nos demos cuenta.

1. EL MITO DE LA OMNIPOTENCIA (EL AMOR TODO LO PUEDE)

Para empezar hay que resaltar que el amor debe ser cultivado, no es algo permanente ni inmutable. Tendemos a creer que cualquier problema puede ser resuelto si hay amor, porque nos han dicho que no hay nada más poderoso que el amor (romántico). Personalmente, considero que existe la necesidad de tener una mirada positiva del mundo; y el creer que cualquier problema, por grande que sea, no puede con algo como el amor, nos ayuda a sentir que vivimos en un mundo bonito. A pesar de que yo también quiero creer en ese mundo y pienso que el amor es una fuerza motora muy grande, esa creencia nos puede llevar a permanecer en relaciones disfuncionales o en las que somos maltratados o malqueridos, todo por sentir que nuestro amor puede superar cualquier barrera y que se impondrá a las injusticias o a las actitudes que nos generan malestar.

El amor, tenga la forma que tenga, debería ser recíproco, sano y cálido, pero en el momento en el que una relación nos trae un continuo sufrimiento en lugar de bienestar, debemos ser conscientes de que solo con el amor no es suficiente.

Además, tener la capacidad y energía para ayudar a alguien, o solucionar un problema en pareja, no significa tener la obligación de hacerlo. No tenemos que salvar a todo el mundo ni necesitamos demostrarnos nada. A veces podemos hacerlo, pero el coste no siempre nos compensa, por lo que es lícito decidir marcharse.

2. LA MEDIA NARANJA

Con este mito nos han vendido la moto de que somos medias naranjas en este mundo frutal y debemos encontrar a la otra media para estar completos; es decir, que sin pareja estamos incompletos y por lo tanto no podemos ser plenos ni felices. Hay un mito griego (para que veáis de dónde viene todo esto) que cuenta que hace miles de años los seres humanos teníamos dos cabezas, cuatro brazos y cuatro piernas, pero Zeus —ante el temor del poder que teníamos— decidió lanzar un rayo y dividirnos a la mitad, condenando a cada parte a buscar a la otra por el resto de su vida.

Como ves, se trata de un relato **clásico** y muy arraigado en nuestra forma de entender el mundo, por lo que no es de extrañar que hoy en día sigamos pensando así. Considero que el beneficio que obtenemos de este mito —o por lo que queremos creer en él— es que nos hace pensar que todos nuestros problemas se solucionarán por el hecho de encontrar pareja; en este sentido, muchas personas sienten un vacío o insuficiencia en sus vidas, como si les faltase algo, y a eso se le suma Disney y las películas con las que crecimos y sus finales felices (el clásico: «Y vivieron felices para siempre»). Por ello, es más fácil esa esperanza de que aparecerá nuestra otra mitad y lo solucionará todo que el hecho de buscar qué nos falta para trabajar en ese vacío e intentar llenarlo, ¿no?

A mí nunca me ha gustado conformarme con ridiculizar los mitos y desmentirlos, creo que todos tienen una razón por la cual queremos creer en ellos. Pero hay que ser realistas, solo así podemos cuidarnos como merecemos.

3. SI TIENES PAREJA, NADIE MÁS TE PUEDE ATRAER

Este mito es uno de los más dañinos y dolorosos de todos. Y es obvio por qué queremos creer en él. Si el mito fuera cierto, simplificaría mucho las cosas, pues significaría que una vez que te enamoras, todo es sencillo, no hay tentaciones, el infiel lo es porque no está enamorado, etc. Pero, por desgracia, nada es tan simple. **La vida amorosa real va mucho más de elecciones diarias y de controlar impulsos de manera consciente que de sentir atracción por una única persona y ya.** A lo largo de tu vida te encontrarás con personas que no solo te atraerán físicamente, sino que también encontrarás compañeros de trabajo o universidad que además de resultarte atractivos físicamente, tal vez te resulten inteligentes, divertidos y hasta te hagan vibrar. Tú decides qué hacer con esos sentimientos: puedes dejar que se potencien y explorarlos, poniendo en riesgo tu relación, o cortarlos porque eliges y priorizas todo lo que tienes con tu pareja.

Sentir deseo hacia otros es normal, pero al final hay pocas cosas que se comparan a la sensación de elegir y ser elegido por la misma persona día tras día. No por deber ni obligación, sino porque decides y quieres que esa siga siendo tu persona.

4. SI QUIERES A TU PAREJA, TIENES QUE MANTENER RELACIONES EQUIS VECES POR SEMANA O POR MES

Este mito genera muchísima presión y es muy agobiante. Tiene su origen en las comparaciones y en esas ganas de manipular al que tiene menos deseo para que sienta que si no quiere, algo «funciona mal» en él. Pero nada más lejos de la realidad: hay parejas que tienen sexo una o dos veces por día, parejas que tienen sexo una vez al mes y parejas que lo tienen cada semana. **Aquí lo importante no es la frecuencia, lo importante es que las necesidades de ambos estén más o menos alineadas.** Uno de los mayores problemas que veo en la terapia es cuando, en el marco de una pareja, uno de los dos tiene mucho apetito sexual y el otro menos, y esta diferencia tan grande genera frustración y desencuentros.

Yo, por ejemplo, sé que, dentro de la pareja, soy esa parte más pasional. En este sentido, en una ocasión me vi envuelto en una relación en la que había una diferencia extrema, ya que la otra persona era feliz con mucho menos y apenas sentía ganas de mantener relaciones. Eso no suponía ningún problema en su perspectiva, aunque sí lo era para mí. Al final, con el tiempo, la relación terminó (creo que ese fue un motivo de peso), pero nos hicimos buenos amigos. Ahora sé que está en una relación con alguien similar y ambos son tremendamente felices, sin exigencias y sin frustración. No solo me alegro profundamente por su felicidad, sino que siempre le agradeceré el haber podido aprender algo más sobre mis necesidades y mis innegociables, pues eso me ha servido para futuras relaciones.

Aunque estos problemas se pueden trabajar en la terapia, y a veces hay grandes resultados, yo te recomiendo que pongas desde el principio las cartas sobre la mesa: cuando estás conociendo a alguien, hablar abiertamente de tu concepto de las relaciones sexuales (y de lo mucho, poco o nada importante que esto es para ti) te ayudará a evitar posibles malentendidos y malestar.

> Lo mejor que puedes hacer es ser fiel a ti mismo, conocerte y saber lo que quieres o lo que buscas en la persona con la que vas a desarrollar un vínculo afectivo profundo. De esta forma te ahorrarás frustración a ti mismo, y también al otro.

5. EL AMOR VERDADERO SOLO PUEDE SER MONÓGAMO (Y SOLO ENTRE UN HOMBRE Y UN MUJER)

Este mito, arraigado en concepciones muy tradicionales de las relaciones, es sumamente dañino, ya que está emitido desde la incomprensión y, muchas veces, desde la intolerancia. La gente que dice esto normalmente nunca ha visto relaciones homosexuales o relaciones no monógamas en su entorno, le cuesta empatizar y, sencillamente, no es capaz de entender que su concepto de amor no dista mucho del que otros sienten. Como persona y terapeuta de pareja, que ve muchísimos casos de distintas clases, puedo asegurar que el tipo de relación o el sexo de las personas que conforman la pareja es lo menos importante para determinar la calidad del amor.

Para mí, el amor verdadero es un sentimiento sano y de libre elección, basado en un vínculo seguro, en el respeto y en la comprensión. La forma de ese amor o sus manifestaciones son distintas de pareja en pareja y de persona en persona; pero la esencia permanece inalterable.

6. LOS CELOS SON UNA MUESTRA DE AMOR

Este mito justifica el hecho de que si te pones celoso o controlas a tu pareja es porque te importa de verdad, porque de lo contrario te daría igual lo que hace. Es una forma terrible de retorcer la realidad y el amor, convirtiendo algo que debería ser una elección tomada desde la libertad y el respeto en un trabajo que debe ser supervisado y atendido por si se cometen errores o uno se desvía del camino de forma indebida.

Entiendo que la razón de creer en esto es proteger la autoestima individual, puesto que los celos parten *casi* siempre de una baja autoestima, una sensación de insuficiencia e inseguridad; por eso, el hecho de asumir que los sientes sin justificarte y decir «Lo hago porque le quiero» supondría aceptar una dura realidad sobre ti mismo y tener que trabajarla. Y, claro, a nadie le gusta mirar y aceptar sus sombras.

Y digo *casi* siempre, porque hay ocasiones en las que las personas no celosas, debido a hechos traumáticos, como una infidelidad o una pareja tóxica, acaban desarrollando comportamientos obsesivos propios de una persona celosa. En esos casos, no es que haya una baja autoestima ni un miedo a ser intercambiado o abandonado por la sensación de insuficiencia, sino que tu pareja realmente te ha hecho sentir o te ha demostrado —en una o repetidas ocasiones— que no puedes sentir seguridad y que puede abandonarte en cualquier momento. El problema es que no hay una lista de criterios objetivos o motivos por los cuales sería entendible sentir celos (más allá de pillar a tu pareja siendo infiel), y esto puede dar pie a las manipulaciones y al *gaslighting*, a que todo sea subjetivo y debatible.

Este tema es muy peliagudo en la consulta y también en las redes sociales, porque podríamos entrar en el debate de qué son y qué no son motivos justificables, y ahí muchas personas justificarían su control y su inseguridad. Pero, generalmente, los celos que nacen de la necesidad de control e inseguridad nunca están justificados. Incluso en el caso de que sientas que tu pareja te engaña o que se puede llegar a ir con otra persona, al final su elección debería ser libre, que tú evites que te engañe no significa que te quiera más, solo significa que no puede porque no le dejas.

> **El amor es una libre elección, y en el momento en el que le ponemos una cámara de vigilancia a alguien, todo cambia.**

Tras haber visto cientos de parejas e infidelidades en la consulta, considero que si alguien te quiere engañar, te va a engañar. Y no puedes hacer nada por impedirlo. Entonces, lo mejor es dejar ser a las personas, comunicar tus reglas y límites, y tomar acción firme una vez que las personas los sobrepasen.

Un ejemplo de límite sano sería: «Confío en ti, pero si me engañas o eres desleal, me iré y no habrá vuelta atrás. Haz lo que quieras con eso, pero yo voy a elegir confiar y dejarte ser». De este modo, estás indicando tus necesidades y barreras, pero sin ejercer control o prohibiciones, dejándole libertad a la persona.

7. LOS POLOS OPUESTOS SE ATRAEN

Este mito ha sido reforzado por miles de películas que conforman la cultura popular, en las que nos presentan la imagen de dos personas que al principio se odian o no se soportan, pero eso las conecta y las convierte en altamente compatibles por la intensidad que se genera en la relación; el típico *enemies to lovers* de manual o de peli de Netflix.

No obstante, si quieres compartir tu vida con alguien, no basta ni de lejos con solo sentir atracción, se necesita muchísimo más: se necesita compatibilidad, planes de futuro convergentes, ideas similares, valores alineados y sobre todo una manera de expresar el amor, y de recibirlo, coincidente. **Es mucho más sencillo tener una relación con alguien afín**, porque tendréis muchas menos cosas que pulir y trabajar, y no será necesario que ninguno cambie drásticamente ni que sacrifique cosas por el otro.

Sé sincero contigo mismo: una cosa es una relación breve y casual, sin miras al futuro, en la que la intensidad de los opuestos puede ser muy emocionante, y otra muy distinta es desarrollar un proyecto de vida con alguien que no tiene nada que ver contigo.

No se puede desarrollar un proyecto compartido duradero, sano, estable y en equipo con una persona que no comparte ninguno de tus valores ni objetivos vitales. No todo es relativo, y para compartir tu vida con alguien sí se necesita una mirada común del mundo en los aspectos nucleares.

8. LAS PERSONAS VALEN MENOS SI HAN TENIDO MUCHAS RELACIONES SEXUALES O PAREJAS

Este mito es probablemente el que más me exaspera de todos, ya que nos hace tratar a las persona como objetos, y esa cosificación nos impide sentirnos libres y a gusto con nuestro propio pasado o nuestras decisiones actuales. Se trata de un mito que, por lo general, pone más el foco en las mujeres; además, busca coartar la sexualidad y la libertad de elección individual.

Las personas no somos un cojín de Ikea, no nos desgastamos con el uso. Somos seres humanos y nuestro valor intrínseco no cambia en función de cómo entendamos o decidamos vivir nuestra sexualidad o nuestras relaciones. Es decir: tenemos valor por el simple hecho de ser.

Recuerdo el capítulo de la serie *Black Mirror*, «Nosedive», de Netflix, en el que se presentaba una app que puntuaba a la gente en función de muchos parámetros, y cada vez que te cruzabas con alguien tenías que puntuarle. Al final, la gente podía vivir en según qué barrios o asistir a determinados eventos dependiendo solo de su puntuación, lo cual era demencial porque se perdía la buena fe y la libertad, es decir, todo se hacía por obtener más VALOR en la app. Esto es lo que pasa si seguimos por esta vía del *body count* (literalmente, conteo de cuerpos). Esta expresión, que viene del mundo de los videojuegos y antiguamente aludía a las víctimas abatidas en combate, no es nueva: recoge la idea de que cuanto mayor sea el número de personas con las que alguien ha tenido relaciones sexuales, más valor pierde.

Este es un discurso muy dañino y contra el que no puedo estar más en desacuerdo. Porque una cosa es cuidar tu salud sexual y valorar a quién dejas entrar en tu vida (eso es autocuidado), y **otra distinta es puntuar a las personas y quitarles valor en función de cómo deciden relacionarse desde la libertad y sin hacer daño a nadie**.

En conclusión, mucha gente te va a decir cómo debes vivir tu relación, vas a recibir un bombardeo constante de información y vas a encontrarte estos mitos hasta en la sopa. Aunque poco a poco gente como tú y como yo estamos haciendo cada vez más por cambiar las cosas y buscar un amor sano y real, debes ser consciente de que estos mitos han arraigado mucho, y a veces es difícil ver lo presentes que están en nuestra concepción de las relaciones.

Una vez más, te recomiendo: guíate por tus valores, escucha qué necesitas y te hace feliz, qué necesita tu pareja y qué le hace feliz, mira si vuestras necesidades, inquietudes y deseos están alineados, y qué podéis hacer para mejorar en caso de no ser así. Pero, recuerda, esta es tu película, tu guion, y nadie debería hacerte sentir que tu relación no es valiosa solo por no cumplir con sus estándares. Cada vez que eso pase y te sientas mal por algo, puedes parar y preguntarte si realmente eres infeliz con tu situación actual, o si has asumido un malestar por algo que te han dicho que «debería ser» y «no es». Digo esto porque a veces estamos felices en una relación que hemos construido con mucho mimo y cuidado, y la gente nos mete en la cabeza la sensación de que algo va mal solo porque no estamos haciéndolo exactamente como «debería ser» (a pesar de que esa fórmula no nos funcione). Por eso…

> **Es nuestro deber cuestionar estas concepciones dañinas y frustrantes que vienen del amor romántico, para dejar paso a una visión imperfecta, sana y, sobre todo, real de las relaciones. Sin ese peso y esas expectativas imposibles seremos mucho más felices.** ☺

8
LEVANTA LA BANDERA: LAS FAMOSAS *RED* Y *GREEN FLAGS*

Últimamente, en las redes se escucha hablar mucho sobre los términos *red* y *green flags*, que se traducen al español como «banderas rojas» y «banderas verdes». Las verdes, como seguramente ya sabes, simbolizan aquellas cosas que una persona nos indica que nos conviene y que es algo bueno para nosotros, y las rojas, los signos de que puede incurrir en comportamientos potencialmente tóxicos o malos para nosotros.

> Esto es un poco como cuando vamos a la playa en verano y vemos una gran bandera (en este caso, amarilla) que no nos prohíbe bañarnos, pero sí nos indica que corremos peligro en caso de hacerlo.

De todas maneras, es nuestra responsabilidad observar la bandera y el mar antes de entrar, ya que hacerlo nos ayudará a evaluar los riesgos en caso de que decidamos bañarnos. Para ello, normalmente nos fijamos en el tamaño de las olas, en la fuerza de las corrientes o en si hay animales peligrosos. Vamos, sin duda podríamos afirmar que ver olas de tres metros es una *red flag* o bandera roja que indica que es mejor no entrar en el mar si no somos buenos nadadores; de la misma forma que ver el agua tranquila y cristalina es para nuestro cerebro una *green flag* o bandera verde, que indica que meterse es seguro. **Es importantísimo que aprendas a identificar todo esto en las personas que serían tus potenciales parejas, porque de esta forma puedes ahorrarte muchísimo tiempo y sufrimiento.**

El problema de esto aplicado a las relaciones de pareja es que en muchos casos nadie nos enseña a identificar qué es una *red flag* y qué es una *green flag*. Esto puede ser problemático cuando normalizamos ciertas conductas en los otros solo porque las hemos vivido en casa toda la vida y no somos conscientes de lo perjudiciales que son. Imagina que te hubieras criado en una familia en la que es normal escuchar gritos e insultos, y en la que está normalizada la violencia verbal y el ataque físico al otro. Pues bien, en el caso de que un día el chico que estás conociendo se enfade y te insulte o te diga que estás «fea», quizá no puedas identificar que eso es una *red flag* que indica poca regulación emocional, poca empatía, nulo respeto y algo que, sobre todo, tiene un efecto negativo en ti y tu autoestima. **¿Podrías culparte por no darte cuenta? Es lo que has vivido toda tu vida; claro que es normal para ti, claro que no te saltan las alarmas.**

En relación con este ejemplo, recuerdo el día que me abrí una cuenta en TikTok —cuando apenas estaba empezando en la red social a subir vídeos, antes de convertirme en creador de contenido—, y me encontré con un vídeo de una chica que decía: «Amiga, date cuenta, esa *red flag* se ve a kilómetros». Automáticamente me salió responderle al vídeo y le expliqué que si una persona supiera ver a kilómetros el peligro, y fuese tan obvio para ella, sencillamente no caería ni se expondría a ese peligro. Es decir, nada es tan sencillo. Y debemos tener en cuenta que cada uno cuenta con baremos distintos sobre lo que es aceptable y lo que no lo es. Por ello, de manera inconsciente, la violencia y el abuso se pueden llegar a normalizar desde el nacimiento, lo cual tiene diversas consecuencias.

Dicho todo esto, quiero exponerte algunos ejemplos de ambas banderas, de signos que nos indican que alguien nos puede dañar o hacer bien. Dado que, en lo relativo a las *red flags*, creo que hay cosas que son muy subjetivas, voy a limitarme a exponer algunas muy representativas y obvias que no tienen justificación alguna, para posteriormente explayarme en las *green flags*, un tema del que se habla menos y en mi opinión es más necesario, ya que **centrarse en lo positivo y buscar desde lo bonito, y no desde el error, puede ser clave para un *mindset* o disposición mental optimista.**

Algunas de las ***red flags*** más comunes son las siguientes:

1. HACE COMENTARIOS DESPECTIVOS SOBRE TI O TU FÍSICO

Esto no solo es maltrato psicológico, sino que además es tremendamente dañino para tu autoestima, porque viene de la persona que más te importa. **Alguien que te ama profundamente, o aspira a hacerlo, jamás debería hacerte sentir mal**

adrede en relación con tu cuerpo ni decirte las cosas de esa forma. En este sentido suelo escuchar muchas justificaciones (por ejemplo: «Lo hace por mi bien»); y la persona no se da cuenta de que hay otras maneras preciosas de apoyar a alguien para que mejore, sin la necesidad de hundirle ni machacarle. Una cosa es ver fatal de salud a tu pareja (por ejemplo, que de forma muy exagerada aumente o pierda peso en poco tiempo), y que te preocupes por su estado y le ofrezcas ayuda de manera generosa y expresando tu preocupación; otra muy distinta es que ataques su físico, que la amenaces con abandonarla si no cambia o que la compares con otras personas haciéndola sentir pequeñita.

Todo esto se aplica, de forma general, a cualquier ámbito, lo que equivale a decir que va más allá de lo corporal (que te llame tonta, que te diga que no sabes hacer nada, que te menosprecie…). Si además estos comentarios empiezan cuando aún os estáis conociendo, no tiene ningún sentido seguir por ahí: si tan imperfecto eres y ya te quiere cambiar, es mejor que busque en otro lado lo que necesita. Recuerdo una primera cita que tuve, en la que la otra persona me dijo: «¿Te vas a comer otra croqueta?; luego te sale barriga y no estás *sexy*». Automáticamente supe lo que me esperaba quedándome allí: complejos y ansiedad. Y por ahí, lo tenía claro, no iba a pasar. Así que… *next*.

2. COMPITE CONTIGO CONSTANTEMENTE

El hecho de que tu pareja, o la persona que estás conociendo, insista en competir contigo tiene mucho peligro. Comparar constantemente la experiencia sexual de cada uno, hablar de quién liga más cuando salís por ahí, quién gana más dinero, quién tiene mejor trabajo, más amigos, mejor casa, mejores padres... y una lista interminable de cosas que escucho en la consulta, sencillamente es una *red flag* de manual. Esto se puede dar en dos sentidos: desde el complejo de inferioridad de uno de los miembros de la pareja (que sufre e intenta ser lo «suficientemente» bueno para el otro, y siempre se siente un fracasado sin remedio), o desde el narcisismo y la necesidad de ser mejor que el otro para sentirse bien con uno mismo (desde allí, difícilmente se construye algo positivo). En el primer sentido, la competición es casi una forma de supervivencia, un «necesito demostrar que te gano», en el sentido de que la persona siente que está por debajo y debe superar al otro en algo para dejar de lado la sensación de inferioridad y el miedo a ser abandonado por alguien «mejor». Es duro porque, a veces, las personas que se sienten inferiores por algún motivo, en lugar de centrarse en sus virtudes y en lo que destacan, se centran en reprochar al otro cosas que les generan inseguridad, casi como una proyección de su inseguridad.

Permíteme que te comparta el ejemplo de Olivia, de treinta y un años, que se sentía mal porque la familia de su pareja, Arturo, que tenía una posición económica mucho más desahogada que la suya, había colaborado con una gran cantidad de dinero para la casa que se habían comprado en común. Olivia me comentaba que no soportaba saber que los padres de Arturo podían aportar tanto y los suyos no, y que sentía que la miraban con lástima y condescendencia. Cada vez que discutían entre ellos, Olivia le decía que era un niño mimado, que le habían dado todo hecho y que, en cambio, ella lo había conseguido todo sin ayuda, lo cual tenía más valor. Lo que ocultaba realmente todo esto era una necesidad de ella de ponerle por debajo para sentirse mejor con la situación. Sin embargo, Arturo tenía otra perspectiva: él expresaba que cada vez que se juntaban con los padres de Olivia se sentía verdaderamente en un hogar, un hogar que incluía comida casera y mucho amor.

Arturo valoraba otras cosas y no tenía para nada una sensación de desigualdad. Pero Olivia, en su inseguridad, solo pensaba que no era el tipo de chica que los padres de Arturo habrían querido para él, y que tarde o temprano Arturo se daría cuenta y la dejaría. Ella no había viajado tanto por el mundo, ni había ido a un colegio privado (cosas que a Arturo le eran indiferentes), y eso la hacía sentir como si no fuese la persona indicada para alguien de una familia como la de él. Poco a poco fuimos entendiendo las necesidades de cada uno, y Olivia comprendió lo que Arturo buscaba en una relación, que era precisamente lo que ella podía aportarle. En ese momento, cuando se sintió verdaderamente vista y amada, dejó de compararse y de sentir vergüenza y culpa, y hasta pudo agradecer las cosas que la familia de Arturo hacía, sin dejar de valorar las que su propia familia era capaz de aportar. **La mayoría de los sentimientos de inferioridad que he visto en la consulta suelen derivar de temas físicos, económicos (diferencia salarial o de clase social) o raciales.**

El complejo de inferioridad puede ocasionar muchos problemas, pero el narcisismo y la necesidad de ser mejor que el otro es algo especialmente peligroso. Recuerdo que, en una ocasión, mi amigo Juan tuvo una cita con un chico de éxito en las redes sociales, quien le dijo: «Yo no podría estar con alguien más guapo que yo, nunca». Automáticamente, mi amigo respondió: «¿Estás diciéndome que soy más feo que tú?». Ya te podrás imaginar cómo acabó la historia: «No, no..., no quería decir eso; solo somos diferentes». Este es un claro ejemplo de ese modo de entender las relaciones que se caracteriza por el discurso de «Si estamos juntos, voy a alegrarme por ti y te ayudaré a crecer, pero nunca más que yo, nunca brillarás más».

Este tipo de personas son tremendamente inseguras y carecen de una de las necesidades más básicas, que ya hemos comentado en anteriores capítulos, para construir una relación sana: la admiración, que en su caso se convierte en envidia y competición.

3. TE DA TODO SU TIEMPO

Sí, has leído bien. Aunque priorizar a la pareja puede ser de vital importancia, priorizarla en exceso es precisamente lo contrario. Hay que tener mucho cuidado con las personas que abandonan toda su vida, familia, amigos, y hasta quiénes son, por la persona que acaban de conocer.

> Créeme, no quieras ser el mundo entero de alguien: puede ser demasiada presión y sobre todo vas a acabar asfixiado.

El equilibrio tiene que estar, y las relaciones por fuera de la pareja son necesarias para la regulación. Y con regulación me refiero a encontrar el balance entre disfrutar de nuestra individualidad y a la vez ser un colchón estable y de apoyo para el otro, haciéndole sentir que estamos ahí para sostenerle blandito si se cae, y para confortarle si está cansado después de un día duro. Sin tiempo fuera, sin individualidad, no tenemos perspectiva ni espacio para la reflexión y la mejora. **Además, por mi experiencia profesional, esta exclusividad absoluta es el caldo de cultivo para la dependencia emocional.**

4. NO TIENE AMIGOS Y HABLA MAL DE TODO EL MUNDO

Tener muchos o pocos amigos depende de mil factores, y no podemos juzgar a alguien por no tener un grupo grande de amistades. Cada persona es un mundo, y es importante interpretar esta *red flag* correctamente. Pero sí nos dice bastante de una persona que no tenga relación con nadie en su vida, que no conserve las relaciones, que siempre hable mal de su ex, de sus amigos o de su familia. Si todas sus relaciones en general han fracasado, estadísticamente la tuya también tiene todas las posibilidades de fracasar. Aquí no estamos para ser psicólogos de nadie ni comprender su vida, estamos para protegernos ante señales potencialmente peligrosas. **Y, sobre todo, estamos para cuidarnos.**

5. TE QUIERE SALVAR

Las personas salvadoras necesitan estar con otras en situación de alguna necesidad (ya sea por inmadurez, familias complejas, problemas de adicciones, etc.), para salvarlas y basar la relación en «Yo te cuido» y «Voy a cambiarte, porque soy especial y conmigo serás diferente». Muchas veces estas personas esconden un terrible vacío interior y mucho miedo al abandono, por lo que muy inconscientemente creen que si salvan a alguien, ese alguien estará en deuda y nunca los dejará. Se llegan a sentir cómodos con que otros dependan totalmente de ellos, porque les genera la seguridad de que no se pueden marchar. En ocasiones, cuando la persona a la que han salvado toma distancia, aparecerán frases como «Después de todo lo que he hecho por ti, me abandonas» o «Cómo puedes hacerme algo así», lo cual genera culpabilidad en el otro, como si debiese continuar la relación por agradecimiento más que por amor. Y, lo peor, es que el que quiere irse sigue atrapado en la relación, manipulado por la culpa, por sentirse en deuda y sin derecho a iniciar un nuevo camino.

6. TE CONTROLA Y ES CELOSO

Una de las mayores virtudes del amor es que es libre y que se elige. No hay nada más bonito que saber que una persona está contigo porque te elige cada día, teniendo la libertad para no hacerlo. Si empiezas a conocer a alguien y ya desde el inicio se queja de que ves mucho a tus amigos, opina sobre que la gente de tu entorno no es buena para ti, te dice que no les cuentes a tus amigas las cosas malas que hace, te habla de una manera condescendiente o se inventa cosas sobre otra gente, que según él quiere ligar contigo, **cuidado**. Este tipo de control muy probablemente se basa en una inseguridad enorme por su parte, y hay que tener cuidado de no caer en la trampa de pensar que lo que dice tiene sentido, porque si tus intenciones son buenas, eres fiel y consideras que le estás dedicando el tiempo necesario, todo lo demás sobra.

7. MINIMIZA TUS LOGROS Y NO SE INTERESA POR TU VIDA

Si la persona con la que quizá vas a compartir tu vida no muestra interés por ti, no te pregunta constantemente sobre las mil cosas que hay que conocer de ti, no pone ganas en las citas, no tiene interés en conocer a tu familia, tus amigos y tu entorno, no se alegra de las cosas que consigues y nunca presume de ti, quizá debes plantearte sobre su motivación para encontrar pareja. Quizá solo quiere tener a alguien por tener, pero le da un poco igual quién, ya que no se ha molestado en descubrirlo.

8. HABLA DE SU EX CONSTANTEMENTE

Aunque hablar sobre las exparejas es importante, todo tiene ciertos límites. Si llegas a una primera cita y la otra persona habla sobre su ex durante una hora mientras llora, le insulta, te cuenta lo mal que lo hizo y te enseña la última conversación de WhatsApp a la vez que te pregunta qué opinas sobre lo que le dijo, quizá y solo quizá significa que no lo ha superado. No sé si me pasa en exceso por ser terapeuta de parejas, pero he tenido varias experiencias de este tipo. De la misma forma, estar conociendo a alguien con una ruptura muy reciente en la que hay duelo, como veíamos antes, podemos considerarlo una alarma para la incapacidad de dejar reposar las emociones y estar solo para sanar. Aunque, como con todo y como veremos más adelante, hay excepciones en las que el duelo se vive en tiempo y forma distintos.

9. NO LES GUSTA A TUS AMIGOS NI A TU FAMILIA

Si tu entorno —que te quiere, te cuida y se preocupa por ti— coincide en pleno en que esa persona no te conviene, plantéate por qué. Es importante darse cuenta de que el cerebro está muy ciego cuando nos estamos enamorando de alguien; nuestra corteza prefrontal, encargada del pensamiento lógico y la toma de decisiones, se nubla, y puede que necesitemos una perspectiva externa.

En este punto, es importante ser consciente de que las personas que te quieren realmente siempre se van a alegrar de tu felicidad, y no tienen motivos para mentirte o destruir tu relación, por lo que si te dicen algo, conviene escuchar. No quiero decirte que no tengas criterio propio, pero sí que tu criterio no sea el único, que escuches activamente el por qué de sus malas opiniones, si es que las tienen, igual que escuchas las buenas. A veces, solo tendemos a contar las cosas malas (un problema, por ejemplo) a la gente que nos importa, y esto puede hacer que el resto piense que toda nuestra relación se basa en el drama y la crisis. Pero aquí es superimportante diferenciar si el grueso de la relación es positivo y estamos proyectando una versión negativa, o si realmente estamos metidos en una relación que no es sana. Muchas veces tendemos a justificar todos los malos actos de una pareja tóxica con frases como: «Es que no la conoces, yo sé por qué actúa así» o «Yo sé que puedo hacer que cambie» o «No quiero que te lleves esa imagen»; pero también plantéate si él debe justificarte a ti y a tus actos con sus amigos.

10. TIENES QUE JUSTIFICAR SUS ACCIONES TODO EL RATO

Me parece genial que entiendas al otro, me parece genial que seas comprensivo y me parece genial que puedas comprender por qué alguien actúa mal, pero eso, siento decírtelo, no justifica sus actos. Veo muchas personas que simplemente por entender que su pareja ha sufrido mucho, ha tenido padres abusivos o traumas infantiles, justifican sus acciones diciendo que es normal que actúe así, que está mejorando, que se esfuerza, que está aprendiendo... Pero entender algo no quiere decir tener que aceptarlo. **Tienes derecho a pensar en ti y a cuidarte, siempre.** Por otro lado, tú puedes saber que tu novio no tiene ninguna habilidad de comunicación, porque sus padres le abandonaron, también que está sufriendo una depresión y que además falleció su abuela hace poco, pero eso no implica que por entenderlo debas aceptar cada patada emocional o física que decida darte.

> La persona más importante eres tú y, ante todo, debes cuidarla.

Hace ya algunos años tuve un amigo que, por diversas razones, estaba atravesando una mala época: su madre tenía un cáncer metastásico (siento la crudeza, pero creo que necesito ponerte ejemplos fuertes porque son los que realmente nos hacen sentir culpables por el hecho de marcharnos). Mi amigo llevaba meses sin prestarme atención, pasaba semanas sin responderme, nunca estaba ahí cuando lo necesitaba, y cuando quedábamos solo me respondía mal y me hacía un desplante tras otro. Por supuesto que podía comprender que la suya era una situación horrible, podía tenerle paciencia y también podía pensar que era algo transitorio, pero en ningún caso debía aguantar maltratos ni faltas de respeto, porque al final ¿quién me entendía a mí?, ¿quién protegía mi derecho a ser cuidado y querido?

Después de darle varios avisos de que me estaba haciendo sentir mal, de que estaba ahí para él y entendía su situación, pero necesitaba que también cuidara de mí, pasaron meses sin ver ninguna mejora. Al final, yo sufría terriblemente por esa amistad y además me sentía muy culpable por dejarle en un momento personal tan difícil, pero es que necesitaba cuidar de mí. Esto puede sonar duro y controvertido, pero lo veo en muchas parejas: confundir el cuidar del otro en el contexto de una mala racha (esto es sano) con pensar que por estar en una mala racha el otro tiene derecho a maltratarnos. Finalmente le dije que me resultaba muy difícil sostener nuestra amistad, porque era algo completamente unilateral desde hacía meses, y yo era incapaz de aportar nada bueno a la relación sintiéndome tan poco querido y cuidado por la otra parte. Por supuesto, dejé la puerta abierta a una reconciliación, comunicando de forma asertiva mis necesidades y razones por enésima vez (hubo muchos avisos ignorados), y me aseguré de que comprendiese que no me alejaba por su situación, sino porque yo también necesitaba un amigo que estuviera cerca y al que poder contarle mis cosas, sentir que le importaba, que valoraba mi tiempo y mi esfuerzo. Una amistad no puede consistir en ser esclavo de la persona que se encuentra débil, puede consistir temporalmente en cuidarla, pero sin olvidar que debe ser algo recíproco y lineal.

Cuidado con justificarlo todo. Especialmente los psicólogos tenemos este problema de pensar que por entender todo trauma, y de dónde viene cada actitud, debemos aceptarla. Pero, como dice mi abuela, ser un cadáver emocional, por las razones que sean, no te da derecho a ir dejando cadáveres allá por donde pasas; de la misma forma, ser compresivo no te obliga a tragarte todo. A veces, cuando no hay salida y la persona no se deja ayudar, no hay mucho que podamos hacer y estás en todo tu derecho a no querer sufrir.

11. NO SE COMUNICA

Si desaparece, si no tienes claro cómo se siente, si no entiendes qué busca a largo plazo, si te manda mensajes contradictorios, si te hace sentir como un loco por creer algo que parece obvio, ahí no es. La comunicación es una de las claves para poder prosperar en una relación, tenga la forma que tenga; y si el otro no sabe hacerlo, estáis perdidos (y tú, condenado a vivir sufriendo).

12. NO ASUME LA RESPONSABILIDAD DE SUS ACTOS Y SIEMPRE SE NIEGA A CAMBIAR LAS COSAS QUE LE PIDES

Sin mejora mutua y sin autocrítica es muy difícil llevar una relación de forma sana. Los dos vais a tener que cambiar cosas que el otro os pida, y para hacerlo se necesita ser sincero con uno mismo y dejar el ego por amor o respeto al otro.

13. NO TE CUIDA CUANDO ESTÁIS SEPARADOS

El móvil y la comunicación a distancia se han vuelto imprescindibles en el siglo XXI. Si cuando estáis físicamente separados, tu pareja no hace ningún esfuerzo por hablar, por preguntarte cómo estás, a pesar de que le hayas dicho que eso es importante para ti, quizá no sea una persona adecuada para el tipo de relación que necesitas. **Cuidado, no estoy diciendo que estéis pegados al móvil todo el tiempo, pero sí que haya cierta comunicación y presencia.** Ejemplos de esto pueden ser: un mensaje de vez en cuando para que el otro te sienta presente, una llamada diaria para contaros el día, un ratito de calidad juntos para poder sentir que seguís ahí —el uno para el otro— si pasa algo, un mensaje de buenas noches con un «te quiero», un «buenos días» o una foto de lo que has comido o el lugar en el que estás. En definitiva, compartir un poco de tu vida con la otra persona, aunque estés lejos.

> Las relaciones no solo se basan en lo que pasa cuando estamos juntos en persona, sino también en todo ese tiempo que no lo estamos, en el que ese pacto y la decisión de compartir nuestra vida con el otro sigue presente.

14. ES MALEDUCADO CON EL PERSONAL DE SERVICIO

Por muy bien que te trate a ti, si salís por ahí y es desagradable con la gente que está trabajando, monta discusiones, se queja constantemente, humilla a los trabajadores de un restaurante u hotel, o trata de inútiles a los dependientes de cualquier tienda, te está indicando la (poca) empatía que tiene y cómo puede llegar a actuar contigo en un futuro (cuando ya no seáis pareja o cuando deje de idealizarte). Este tipo de personas suelen ser iguales con todo el mundo, y, por el momento, quizá esté mostrando contigo una máscara, hasta que te haya atrapado en su red, para empezar a actuar como es de verdad. No hay ningún motivo para humillar a las personas que simplemente están haciendo su trabajo, no hay motivo para tratarlas con inferioridad, nunca.

15. ES VIOLENTO O AGRESIVO

Si cuando se enfada tira objetos, rompe cosas, grita, da golpes a la mesa, te empuja y tiene comportamientos físicamente violentos, te pido que de inmediato salgas de ahí. Una cosa es que un día la situación nos supere y tiremos un cojín al suelo para expresar nuestra rabia o enfado, como algo excepcional, porque no hemos sido capaces de controlarlo, pero en ningún momento hemos querido ni atemorizar ni herir a nuestra pareja, y otra muy diferente es que ponerse violento y asustar a la otra persona se convierta en una norma.

Luego de hablar de unas cuantas banderas rojas que nos pueden prevenir de caer en relaciones tóxicas, vamos a comentar aspectos que pueden indicarnos que la persona que tenemos delante merece la pena. Voy a compartirte lo que yo he bautizado como **los ocho rasgos esenciales de una persona sana con la que nos convendría crear un vínculo:**

1. En primer lugar, podemos mencionar **la honestidad y la sinceridad**, ambas cruciales para una relación. Si la persona te muestra quién es, se abre y se comunica sin barreras (o lo intenta), te dará pie a que hagas lo mismo, a poder ser tú, a dejar que te «vea» realmente. Además, la sinceridad requiere valentía, requiere seguridad en uno mismo, requiere tener ganas de hacer las cosas bien. Recalco esto de «intentarlo» porque es la base de este libro. Es decir, el entender que si tu familia —o tu historia vi-

tal— te dio solo un palo y un clavo y te pidió que construyeras una casa, no puedes construir la misma casa que cuando cuentas con cierto bagaje y con las herramientas adecuadas (un martillo, una sierra eléctrica, cemento, etc.). A veces las personas no vienen con el trabajo personal hecho; y aunque por supuesto es nuestra decisión tenerles (o no) paciencia, debemos resaltar que contar con una intención de mejora, acompañada de acciones que refuercen esa intención, puede ser también una *green flag*, incluso aunque la persona no haya alcanzado aún su potencial. Todos lo hacemos, con las herramientas que nos han dado, lo mejor que podemos, pero ser consciente de que te faltan herramientas, intención y decisión de adquirir otras nuevas marca una gran diferencia.

La persona que se vincula de forma sana es honesta, equilibrando esa sinceridad con su empatía.

La sinceridad es, además, la base de la confianza en una relación, el sentir que el otro está ahí y saber qué podemos esperar con certeza. También es la base de la fidelidad: una persona sincera y honesta con cómo se siente no te va a engañar, no va a traicionar tu confianza ni los pactos que hayáis hecho, y si siente ganas de hacerlo, previamente te comunicará sus necesidades. **Si no puedes confiar en la persona con la que vas a unir tu vida, es mejor que te apartes.**

2. En segundo lugar, tenemos **la apertura y la tolerancia**, dos cualidades preciosas. No tener tabúes, ser capaz de hablar de cualquier tema, adaptarse a distintas situaciones,

cambiar aquello que ya no te hace sentir cómodo, te da confianza para poder contarle al otro todo lo que sientes y necesitas, sabiendo que podrá entenderlo. Esta cualidad también es necesaria para cuando le llevamos con nuestra familia y salen diferencias de opiniones en política, por ejemplo, necesitamos a alguien que sepa comunicar desde la tolerancia y, sobre todo, respetar otras opiniones, a pesar de tener muy claras las suyas. La persona abierta y tolerante puede tener una gran personalidad, para decir lo que necesita, para expresarse como quiere, pero eso no le quita respetar a todo el mundo.

3. En tercer lugar, es muy importante que la persona tenga una **buena autorregulación emocional**. Una persona que sepa regularse emocionalmente nos va a dar muchísima estabilidad general.

La regulación emocional excede probablemente el objetivo de este libro (y, de hecho, daría para varios volúmenes), pero en esencia quiero que lo entiendas como la capacidad que tiene un individuo para gestionar sus propias emociones, transitarlas y manejar los impulsos negativos derivados de estas, de forma que se puedan expresar sin arrepentimientos posteriores. ¿Entiendes por qué es tan importante la regulación? No solo para poder gestionar las ganas de gritar, ser agresivo o decir malas palabras durante una discusión, también para poder hacer frente a los problemas de la vida en general, para saber contener los momentos de tensión en la pareja o con familia sin salir espantado, para poder gestionar los impulsos sexuales, etc.

La persona autorregulada se sabe entender a sí misma, sabe comprender qué pasa por su cabeza y también sabe comunicarlo. No te va a echar encima su propia «mierda» por su incapacidad de autogestionarse, no va a proyectar en ti sus inseguridades ni va a invalidarte emocionalmente.

Antes de continuar revisando los rasgos esenciales de una persona sana, quiero invitarte a que te tomes un momento para ti para practicar la validación y la regulación emocional. Espero que esta herramienta te ayude en numerosas ocasiones; a mí me ha salvado varias veces.

La invalidación emocional ocurre cuando minimizamos, ignoramos, ridiculizamos o rechazamos los sentimientos de una persona, lo que puede generar una sensación de incomprensión o rechazo. Esto puede suceder de manera intencionada o inconsciente y es perjudicial en ambos sentidos, pues llevamos a la otra persona a pensar que sus emociones son absurdas o poco importantes.

Por ejemplo, si alguien expresa tristeza diciendo «Me siento muy solo» y la otra persona responde con «Cómo vas a estar triste por esa tontería, hay gente con problemas peores; mi tía se está muriendo y, por mi parte, he perdido mi trabajo», está invalidando esa emoción en lugar de validar el sentimiento. Esto puede generar frustración y distanciamiento en las relaciones, porque todos necesitamos poder expresar nuestros sentimientos, sin sentirnos silenciados o poco importantes. Claro que uno puede tener problemas peores, pero minimizar los ajenos solo para hacer una competición no ayuda, porque además de tener la emoción en cuestión le añadimos otra igual, o peor: la culpa.

A mí me gusta representárselo a mis pacientes con un dibujo de la persona (podemos dibujar un monigote) cargando una losa en la que pone la palabra «tristeza». Entonces les explico que si no aceptamos la emoción o la minimizamos, si intentamos castigarnos por sentirnos así, aparecerá otra losa o emoción con la que cargar que se llama CULPA (también la dibujo). Ahora, además de sentirnos tristes y solos, también nos sentimos culpables y quejicas, lo que empeora aún más nuestro malestar. Esto también pasa cada vez que invalidamos nuestras propias emociones, no solo cuando lo hace otro. Puede ser recomendable que cada vez que el paciente tiene una emoción y se está castigando o invalidando por ello, se dibuje con todas las losas innecesarias con las que está cargando, además de la emoción, que dificultan el poder transitarlas. De este modo puede poner el foco en la emoción principal, validarla y darse amor a sí mismo.

Siéntate en un lugar tranquilo y cómodo, ponte música relajante y realiza tres inspiraciones profundas sintiendo el estado de tu cuerpo. A continuación, sigue estos cinco pasos:

1. Reconócete que estás pasando por un momento difícil o desagradable. Repite frases como: «Vaya momento de mierda que estoy viviendo» o «Estoy pasando por una situación muy difícil». En este instante estás conectando con tu malestar, mirándolo de frente y pres-

tándole la atención que necesita, en lugar de ignorarlo y acumularlo.

2. Normaliza y valida que lo que estás sintiendo es algo común, que tienes motivos para sentirte así. «Hay muchas personas en el mundo sintiendo esto mismo, y está bien». Esto te ayuda a entender que no eres «dramático», que no estás «exagerando» ni siendo «quejica»; simplemente ha pasado algo y ese algo ha despertado una emoción desagradable. Y no pasa nada, es natural que así sea.

3. Estás en un lugar seguro, tranquilo y con tu mejor amigo (tú mismo), y puedes permitirte expresar la emoción y sentirla. Deja que te transite y atraviese plenamente. Las emociones pueden ser desagradables, molestas e incómodas, pero nunca nunca JAMÁS van a matarte o a estar ahí para siempre. Las emociones no son mortales (a nadie le explota la cabeza por sentir... ¡Ja, ja!) y son transitorias, tienen un principio y un final, terminan. Puedes expresarlas, porque hacerlo te aliviará.

4. Este es quizá el punto más difícil. Todos necesitamos —sea un buen o un mal momento— amor, tanto propio como externo (de esto también va el libro). Al momento de hacer este ejercicio probablemente estés atravesando problemas, puede que hasta sea el peor del día o de la semana. Teniendo en cuenta esto, no necesitas juicios ni dureza, necesitas más amor que nunca. Así que respira hondo y repite: «Pido fuerzas (a la vida, a Dios, al universo, a ti mismo o a aquello en lo que creas y te funcione) para ser esa persona com-

> prensiva, cariñosa, atenta, compasiva, contenedora, amable y generosa que en este momento tan complicado necesito». Quizá no sabes lo que necesitas, pero vas a estar ahí hasta que tu cuerpo se encuentre mejor.
>
> 5. Por último, viene el punto más bonito, que consiste en abrazarte fuerte y con amor, de la forma que mejor te funcione. A mí, por ejemplo, me gusta rodearme con los brazos y apoyar una mejilla en mi hombro, piel con piel, y una mano en mi cara, y acariciarme, pero tengo pacientes que se dan besos o se hacen cosquillas. ☺ Lo importante aquí no es la forma, es el hecho de que estabas mal y te estás dando amor, cariño y comprensión. Mientras haces esto puedes repasar los pasos anteriores, en especial el primero y el cuarto, mientras te das todo ese cariño.
>
> No te prometo que con esta herramienta la emoción negativa pase del todo, pero sí te prometo que al menos vas a sentirte mejor y más aliviado. Esto se llama autorregulación emocional, y a diferencia de esas veces en las que estamos mal y nos ponemos a ver Netflix o quedamos con un amigo a tomar algo, no necesitamos de otros para regular nuestras emociones, pues lo hemos hecho solos y con amor. Este ejercicio refuerza la autonomía e independencia, además de generar mayor sensación de control.

4. En cuarto lugar, tenemos **la flexibilidad**, que facilita el poder hablar con el otro de cualquier cosa, así como te-

ner posibilidades de cambiar y mejorar. Una persona con la mente flexible puede tener sus ideas muy claras, pero a la vez no tiene miedo a cambiar de opinión, rectificar, pedir perdón y reconocer que se ha equivocado cuando sea necesario. Esto es crucial para poder manejar los conflictos en pareja.

5. En quinto lugar, tenemos **el equilibro**. Una persona que es equilibrada sabe gestionar su vida de manera que tú ocupes una parte importante de la misma sin que seas el centro de su universo. Quien tiene esta cualidad maneja bien sus tiempos con la familia, los amigos, el trabajo y la pareja, y consigue mantener una rutina sana a la vez que deja que la relación respire. Con esto último me refiero a ese aire fresco, tan necesario, cuando tienes tu propia vida separada de la de tu pareja y a esa sensación de independencia que te genera tener tus propios momentos de ocio o tus propias amistades. **Todo esto también te permite disfrutar de la vida cuando no estás con tu pareja, evitar el aburrimiento y reconectar con más ganas cuando vuelvas a verla.**

6. En el punto seis tenemos **el compromiso**. Necesitamos a nuestro lado una persona comprometida que esté ahí, que luche por la relación, que ponga interés, empeño y esfuerzo, que no tema comprometerse y que se entregue porque esté segura de su libertad y de su búsqueda. Aquí entra en juego la seriedad y la madurez para buscar una relación estable, y sin miedo a asumirla, pero también con los requerimientos que esto conlleva: convertir al otro en una gran prioridad y estar dispuesto a superar las barreras que quizá dificultan el éxito. Puede que al otro

le dé pereza hablar por WhatsApp o llamarte cuando estáis separados, pero también es capaz de entender que eso es significativo para ti, y entonces pone de su parte para hacerlo. El compromiso es importante para la fidelidad, es importante para estar ahí cuando las cosas se ponen feas y también para perdonar cuando se cometen errores. **Pero el compromiso ha de ser siempre una elección.**
7. En este punto incluyo el hecho de **vivir en el presente**. No se puede estar todo el tiempo proyectado en el futuro ni tampoco vivir en relaciones o traumas del pasado. Tener metas y ambiciones está bien, pero es necesario vivir disfrutando el presente y saber apreciar las pequeñas cosas.
8. Por último, es una gran *green flag* que la persona tenga un **entorno protector**, ya sea familiar o de amigos. Tener gente con la que hablar y en la que poder apoyarse es una gran garantía de que sabe mantener vínculos, sabe cuidar de los demás y no va a depender de ti emocionalmente porque tiene otros pilares en su vida.

Aparte de todo esto, es importantísimo recalcar la que considero la mayor *green flag*: **la seguridad que el otro te hace sentir**. Si la persona con la que estás no te hace sentir plenamente seguro, es muy complicado construir algo; sentirte seguro para no tener que vivir con miedo, ansiedad, temor a ser abandonado o engañado, a ser sustituido, etc. Puede que haya una parte de esto que dependa del estilo de apego que tengas, y que esté en ti el poder trabajarlo, pero también hay una parte que el otro puede hacer para generar esa seguridad, y esa parte está en los puntos antes mencionados: una persona flexible que te escuche y te entienda, que esté comprometida, que se autorregule y que sea capaz de controlar sus impulsos es mucho más propensa a generar seguridad.

> **Vivir con seguridad es de los mayores regalos que nos puede traer la vida, pues nos da paz.**

Antes de acabar este capítulo, voy a dejarte unas preguntas que creo que pueden ser de gran ayuda para saber si vas por buen camino. Ten en cuenta que se pueden adaptar tanto a una relación que lleva tiempo como a una que acaba de comenzar. **Antes de continuar con la lectura del libro, tómate el tiempo que necesites para responderlas con total sinceridad.**

1. ¿Qué es lo primero que te viene a la mente cuando piensas en la persona con la que tienes una relación?
2. ¿Tienes claros tus sentimientos hacia el otro en este momento? ¿Y lo que el otro siente por ti?
3. ¿Describirías tu relación con alguna de las siguientes palabras?: calma, inestabilidad, ansiedad, seguridad, honestidad, conexión, lealtad, amor, comprensión, complicidad, amistad, respeto, desconfianza, maltrato. ¿Con cuáles te identificas más?

4. Si tuvieses que describir las emociones que te vienen a la mente cuando piensas en tu compañero, ¿cuáles serían en este momento?
5. ¿Qué sensación se te queda en el cuerpo cuando os despedís?
6. ¿Dirías que tu vida está completa? ¿Qué es lo que tu pareja añade a tu vida?
7. ¿Sientes que realmente podéis resolver un problema común a largo plazo?
8. ¿Cómo te sientes al compartirle que hay aspectos que te gustaría cambiar en la relación?
9. ¿Te sientes verdaderamente escuchado por el otro?
10. ¿Qué es lo que más aprecias del otro? ¿Qué crees que es lo que más valora de ti?
11. ¿Hay algo en la relación o en el otro que te resulta difícil de comprender? De ser así, ¿qué es?
12. ¿Dirías que ambos habéis crecido y madurado, o que podéis seguir creciendo, desde un punto de vista personal, en esta relación?
13. ¿Cómo te imaginas tu relación ideal?

9
EL MUNDO DE LAS APPS DE CITAS Y LAS REDES SOCIALES

Cada día más gente utiliza las apps de citas para conocer a su potencial pareja. Un estudio realizado en 2019, publicado por *PNAS*, la revista oficial de la Academia Nacional de Ciencias de Estados Unidos, concluye que el 39 por ciento de las parejas heterosexuales y un 60 por ciento de las homosexuales se conocen gracias a internet. Al mismo tiempo, la Marriage Foundation —una importante organización de investigación en el Reino Unido— ha estudiado la separación entre personas que se han conocido a través de internet, y ha descubierto que durante los tres primeros años de matrimonio, la ruptura es seis veces más probable en comparación con las parejas que se conocieron en el mundo offline (amigos, universidad, etc.).

Estas investigaciones apuntan que uno de los motivos principales es posiblemente cuando se conoce a alguien a través del círculo social más cercano, lo cual puede ser un apoyo en las etapas iniciales; esto no ocurre con las parejas digitales, en las que no hay un círculo de personas compartido. Tiene sentido: cuando compartes un círculo social con alguien, acudes a los mismos planes, frecuentas los mismos lugares, os desarrolláis en un mismo ambiente y tu pareja tiene probabilidades de encajar en tu entorno, es más fácil que la relación prospere. No obstante, **una vez que está superada esta barrera del círculo social y la persona está aceptada por el entorno de su pareja e integrada en su vida, la diferencia no es tan perceptible**, lo que nos lleva a pensar que lo realmente difícil online se trata más del «asentamiento de la relación» en las etapas iniciales. No es lo mismo que tus amigos queden cada fin de semana y veas a esa persona todo el tiempo, porque es del mismo grupo, a que tengas que buscar esos encuentros en otros lugares: esto es menos orgánico y requiere más motivación.

Personalmente, pienso que si lo haces de esa última forma puede ser muy valioso debido a todas las dificultades iniciales y al interés que ambos habéis mostrado en ver al otro, a pesar de ser de círculos distintos. Porque, seamos realistas: tener que cruzar la ciudad o incluso ir a otra para conocer a alguien, adaptarse a un contexto totalmente distinto y a las dinámicas de un grupo familiar y de amigos desconocido requiere mucho más esfuerzo al principio. No obstante, puede ser que a la larga descubras personas y cosas nuevas, partes de ti o del mundo que no conocías y otras experiencias que resultan maravillosas y que jamás hubieras llegado a ellas si hubieras estado con alguien de tu entorno. Esto lo veo mucho cuando la gente que ha vivido toda su vida en un mismo entorno social se va de Erasmus o le dan un trabajo lejos de su país. El cambio es durísimo al principio, pero cuando vuelven son personas totalmente distintas, y por lo general el cambio es a mejor.

Estos son algunos datos y observaciones que he recogido a través de mi experiencia profesional. No obstante, para mí, la experiencia personal es muy importante, y en mi caso, por ejemplo, a mis parejas más largas y estables las he conocido a través de una red social o alguna aplicación, y no me arrepiento de ello en absoluto. Hay ocasiones en las que tu círculo social es más reducido y pequeño, o no te sientes tan identificado con lo que hay a tu alrededor y, por ende, buscas salir de ahí para poder expandir tus posibilidades y conocer a alguien.

> **Conocer a alguien de otro círculo totalmente diferente te puede abrir la mente, además de que te aporta nuevas amistades, te expande como persona y te proporciona un soporte ajeno a tu mundo que puede cambiarte y resultarte satisfactorio por el hecho de complementar tu vida.**

Además, si buscas cosas muy concretas, puede ser complicado encontrarlas en las veinte, cincuenta o cien personas con las que te mueves normalmente o en una discoteca, por poner un ejemplo. Es una realidad innegable que las aplicaciones son un negocio, y como tal les interesa que sigamos en ellas, pero también es cierto que, usadas correctamente y priorizando nuestro bienestar, nos proporcionan acceso a tantísimas personas, que son un regalo y que jamás habríamos conocido en circunstancias normales. En mi caso, jamás habría conocido a mi ex si no fuese por las redes (por edad y por círculo social era impensable), sin embargo me aportó una relación preciosa que me cambió en todos los sentidos, y una gran amistad que hoy en día valoro con toda mi alma.

Aunque soy fan de este tipo de relaciones, debemos tener **en**

cuenta una serie de cosas antes de meternos ahí, para no golpearnos en la cara con la frustración.

ALGUNOS *TIPS* PARA CUIDARTE Y DISFRUTAR DE LO QUE EL MUNDO DE LAS CITAS ONLINE TE OFRECE

Lo primero de todo es tener en cuenta que **las apps y las redes no son la realidad, sino una imagen adulterada y mejorada de lo que queremos mostrar.** No sabemos cómo es la persona hasta que la tenemos al lado. Puede salir muy bien en una foto, pero luego tener una voz que no nos gusta, una forma de tocarnos que nos incomoda o una personalidad que nos sorprenda (para bien o para mal). Es la cruda realidad, y puede que nos decepcione. Por eso te recomiendo que no le dediques mucho tiempo a la parte online y conozcas a tu contacto personalmente y lo antes posible, para que ninguno pierda el tiempo y para no decepcionarte demasiado; ten siempre en cuenta cuáles son las cosas básicas que quieres o que necesitas saber de esa persona antes de quedar en un lugar público.

Antes de ese primer encuentro, te recomiendo hacerte, y hacer, las siguientes preguntas:

1. ¿Qué busca la persona?

Es esencial saber qué intenciones tiene, por lo que no te tienes que sentir invasivo ni intenso por preguntar esto. No es lo mismo alguien que acaba de salir de una relación y solo quiere mantener encuentros casuales que alguien que busca una relación romántica y construir un vínculo profundo. Si no preguntas el plan que tiene en mente en las primeras citas puede que sea eso lo que acabe con vuestra no iniciada relación. Sé claro con tus intenciones (y si no sabes qué buscas, te recomiendo tener una conversación sincera contigo mismo).

No tengas miedo de que la otra persona se asuste, y si ocurre, porque puede pasar, no te fustigues. Quizá no está preparada para lo que tú quieres, y algo mejor está por llegar.

> *Disclaimer*: Mucha gente dice una cosa por resultar atractiva, por miedo a ser rechazada o por no aceptarse, pero luego en realidad actúa de manera contraria a lo que decía. Yo sin duda recomiendo que HUYAS de esas personas. Te mereces sinceridad y respeto ante todo.

Recuerdo una conversación con una persona en una app que me decía que buscaba conocer a alguien para mantener una relación, pero luego todas sus preguntas iban en torno al sexo; por ejemplo: ir a cenar le parecía muy íntimo y serio para una primera cita, y por eso prefería invitarme a su casa a ver una película. ¿Ver una película en su cama es genial pero cenar en un restaurante público demasiado íntimo? Es increíble, pero cierto. Claramente lo vi a tiempo, pero aun así decidí ir y darme una alegría sabiendo que aquello no llegaría a ningún lugar; y lo cierto es que estuvo bien, porque yo tenía claro lo que quería en ese momento. Poco a poco, según avanzaba la conversación, entendí que para él la idea de tener relaciones íntimas casuales y sin profundizar en un vínculo era algo deplorable, y eso le impedía hablar con sinceridad sobre sus intenciones y lo que quería de verdad. Al final, hay gente que necesita un café o una peli como «lubricante moral». Si esto es algo con lo que tú no estás cómodo o no te sientes preparado para gestionar, es totalmente válido. **Debes elegir lo mejor para ti.**

2. ¿A qué se dedica la persona? ¿En qué etapa de la vida está? ¿Cuál es su estilo de vida y qué objetivos tiene?

Estas preguntas son las que, *a priori*, pueden parecer la típica *small talk* de inicio, para romper el hielo a través de la pantalla cuando estás conociendo a alguien, pero son sumamente importantes. Mucha gente dice que no es importante, o incluso es superficial, pensar en el nivel socioeconómico de la otra persona o en las diferentes ambiciones o aspiraciones, y puede que sea así cuando eres joven; pero según avanza la vida, las grandes diferencias en estos aspectos pueden ser la causa principal de ruptura.

Con esto no estoy diciendo que si estás en una situación vital determinada busques a alguien igual. Es mucho más profundo y complejo que eso. Lo que quiero decir es que el hecho de que existan de entrada grandes diferencias en vuestro nivel cultural, socioeconómico y en vuestros objetivos vitales pueden generar escollos y malentendidos en el camino de una posible relación, tenga esta la forma que tenga. Por poner un ejemplo muy sencillo: si a ti te encanta viajar de manera lujosa, disfrutar de los museos, probar restaurantes que son toda una experiencia y, por su parte, tu pareja ama la vida de mochilero, hace todo de forma sencilla y con el ahorro como prioridad, porque le da culpa gastar, vais a terminar muy frustrados a la hora de planificar unas vacaciones juntos.

Otro ejemplo: si el trabajo ocupa un lugar muy importante en tu vida y uno de tus principales objetivos es ascender y ser el mejor en tu ámbito y, por su parte, tu pareja tiene una mentalidad diferente y concibe el trabajo como un medio para vivir y disfrutar la vida, nos encontramos ante dos visiones geniales, pero que probablemente serán un obstáculo lo bastante grande como para que podáis formar un proyecto conjunto a futuro, si es lo que buscas. He puesto estos ejemplos para que las diferencias sean evidentes, pero si no hay grandes diferencias y uno está más enfocado que el otro, o es más ambicioso, esto normalmente no presenta un problema como tal.

Tengo un paciente, Stefano, que constantemente se ve envuelto en relaciones con chicos que están desocupados y que, a menudo, le acaban pidiendo dinero, que luego no le devuelven, por lo que siente que siempre acaba ocupándose de todo. Un día, durante la consulta me preguntó, harto, si hacía algo mal para relacionarse siempre con gente que consideraba que se aprovechaba de él. Cuando identificamos el patrón, resulta que quedaba con chicos que le decían que estaban buscando trabajo y que no tenían nada que hacer. Y Stefano los veía más accesibles y pendientes de él, pues eran los únicos que le daban la atención que necesitaba, le contestaban al minuto y por eso avanzaba con ellos (con la contrapartida que tenía todo, claro).

Después de descubrir esto en la consulta, hemos estado trabajando en dar valor a las personas que disfrutan de su soledad y autonomía, y en el ver atractivo que alguien ocupado te dedique un rato al día con interés porque quiere, en lugar de que alguien con todo el tiempo del mundo te haga caso por aburrimiento y soledad. Así, Stefano ha conocido a un chico con el que lleva ya un par de meses, y ambos han organizado un viaje al extranjero con los gastos pagados a medias (todo un logro para el chico al que acompaño en la consulta, que ahora se siente en una relación de igual a igual, sin tener la sensación de paternalismo y cuidador que tenía antes, y teniendo claro que están con él por lo que es, y no por su dinero).

> **Para abordar esta información de vital importancia a la hora de establecer un vínculo, te recomiendo que intentes recabar estos datos de una forma natural, con preguntas como: ¿a qué te dedicas? ¿Estás contento con lo que haces? ¿Cuáles son tus prioridades en la vida? ¿Qué te hace feliz? Es una forma de hacerse una idea del grado de satisfacción de la persona y también de lo que mueve su vida, y te dará una idea para entender a quién tienes delante.**

Otro aspecto importante que debes tener en cuenta es que, si en la actualidad no buscas un vínculo profundo o eres una persona para quien lo físico y lo sexual es muy importante (lo cual es totalmente válido), te recomiendo tener una conversación al respecto y que le preguntes al otro sus gustos, qué le atrae o excita más, cómo le gusta hacerlo, adivinar un poco sobre la persona e incluso compartir fotos. Históricamente, este tipo de conversaciones ha sido algo más frecuente en las relaciones homosexuales (aunque, por supuesto, cada persona y pareja es un mundo), en las que el rol sexual —activo o pasivo— a veces puede determinar que te inclines o no a conocer a alguien, por lo que a menudo a algunas personas se les hace necesario hablar de esto casi al inicio para prever incompatibilidades (incluso hay apps en las que te obligan a poner esas opciones en tu perfil). Pero gracias a la revolución sexual, las redes y las apps, esto también se ha hecho cada vez más común también en relaciones heterosexuales, en las que ya no está mal visto preguntar a alguien por sus gustos ni existe tanto ese miedo a ser juzgado.

En el tema de las *nudes*, o fotos X, como sexólogo clínico —y sabiendo que es algo que hacen casi todos mis amigos, amigas y algunas de las personas que acompaño— no me puedo quedar sin darte algunos consejos para hacerlo de manera segura. Porque compartir este tipo de contenido es ya una práctica que forma parte de cómo muchas personas entienden las relaciones. La tecnología juega un papel importante en nuestra forma de vincularnos con otros y eso no es malo *per se*, pero sí es importante conocer los riesgos que corremos cuando compartimos este tipo de contenido, sobre todo cuando lo hacemos con personas a las que todavía estamos conociendo y con las que quizá aún no existe una relación de confianza.

Lo primero de todo es asegurarte de que la persona es quien dice ser, que no es un perfil falso, y que te sientas cómodo compartiendo esa parte de ti. No debes hacer nada que no quieras hacer. Debes pedir siempre el Instagram o el WhatsApp y asegurarte de varias cosas. Si es el WhatsApp, te recomiendo que confirmes que la persona tenga una foto de perfil suya y no de un paisaje, y aun así puedes pedirle que te mande un vídeo de su cara tocándose la nariz con un dedo, por ejemplo, para asegurarte de que lo ha hecho en ese mismo momento. Esto nos llevará cuatro segundos, y si la persona se niega a hacerlo, es que algo huele mal. En cuanto a Instagram, asegúrate de hacer lo mismo: mira que sea un perfil con fotos de diferentes momentos, si está etiquetado, etc. Una cuenta sin fotos, sin comentarios de amigos y sin etiquetas puede ser una cuenta falsa o un bot.

Mi amiga Marina, por ejemplo, estuvo varios meses hablando con una «persona» con un perfil de Instagram bien hecho, con fotos y comentarios, de un chico que usaba fotos de otro. Se dio cuenta porque me enseñó al chico y, al verlo, lo reconocí: eran las fotos de una persona conocida en redes sociales (a quien mi amiga no conocía). Le costó mucho creerme, porque decía que le había pasado vídeos de él tumbado en la cama o leyendo, vídeos que parecían hechos en el momento y en los que se le veía la cara, pero resulta que habían sido sacados de las historias destacadas del famoso en cuestión. Por eso, asegúrate siempre de que te pase un vídeo suyo con un gesto concreto, y es importantísimo lo del gesto. Si le dices que se toque la nariz con el meñique, tiene que mandarte un vídeo tocándose la nariz con el meñique (no basta con un vídeo tirado en la cama con cara de cansado). Hago mucho hincapié en esto porque cada día engañan a muchos pacientes y amigos; hoy es lo más común.

Lo segundo que te recomiendo es poner un emoji o una marquita diferencial en cada foto que mandes, que sea minúscula de modo que nadie se dé cuenta, aunque tú sí sepas dónde está. Si puedes hacerte fotos o vídeos diferentes para cada persona sería lo ideal, pero dado que la gente suele tener material fotográfico y demás en el que se ve increíble, por lo general envía lo que ya tiene a varias personas; por ello debo recomendarte lo del emoji. De modo que si algún día alguien comparte esa foto, seas consciente de quién ha sido al identificar el emoji de esa persona. Esto ocurre porque, en el siglo XXI, la gente manda fotos X a varias personas en un mismo mes, semana o incluso varias veces al día, y si aparecen difundidas, es imposible saber quién fue. Por ejemplo, en algunas aplicaciones como Grindr (que se define como una red y espacio de citas al servicio de la comunidad LGBTQ) es habitual saludar con tu álbum de fotos X, lo cual puedes hacer incluso cincuenta veces al día con distintas personas. Tanto es así que la app ha blindado la posibilidad de hacer capturas. Compartir fotos de esta manera no lo recomiendo, pues es imposible saber quién las ha difundido a posteriori, pero si aun así tienes pensado hacerlo, ya sea por Instagram, Snapchat o WhatsApp, te recomiendo seguir mi consejo.

Cada vez más personas mandan fotos así o incluso las suben a la sección privada de mejores amigos de Instagram, lo cual puede ser causa de problemas potenciales, como la difusión de este contenido privado por parte de terceros. Esto es un delito, pero que lo sea no ayuda a que las personas dejen de hacerlo del todo (seguir el rastro de estas fotos es muy complicado en estos casos), ni tampoco elimina los efectos que sufrimos cuando nos pasa.

**Debemos tener siempre cierta prudencia y cabeza fría, especialmente si se trata de alguien a quien estamos conociendo, y, sobre todo, debemos cuidarnos.
Y para ello es importante saber decir no y saber lo que hacemos y con quién lo hacemos.**

En tercer lugar, y aunque parezca obvio, no mandes nunca nada por obligación. Puede que la conversación con alguien suba de tono y te lances a compartirle algo, o que aceptes la sugerencia de hacerlo, pero que luego recules porque no terminas de verlo claro. En tal caso, es posible que la otra persona insista en decirte que eres un microondas (que «calientas pero no cocinas»), que utilice la culpa o la manipulación para que no le dejes así y que te veas en la obligación de enviar algo, porque se va a enfadar o sentir mal. Si alguien te envía fotos, y tú no has dicho en ningún momento que ibas a hacerlo, o lo has dicho y ya no quieres, no tienes ninguna obligación de hacerlo.

> Nada justifica que tengas que hacer algo que no quieres. Tú decides hacer algo con lo que te sientas cómodo y a gusto.

Otro de los *tips* principales que me gustaría compartir contigo es no interactuar con muchas personas a la vez, limpiar tu historial y no dejar que demasiadas conversaciones te saturen. Los expertos han encontrado un fenómeno llamado *Dating App Fatigue*, que consiste en tener desesperanza por sentir que todas las conversaciones con tus *matches* son iguales y llevan a lo mismo (es decir, a algo que no es lo que buscas).

Es habitual que las personas que navegan en este mundo de las aplicaciones de citas tengan descargadas en el móvil cuatro apps distintas, en las que todos los *matches* acaban en conversaciones banales y en charlas absurdas que no llegan a nada productivo; lo que invita a sentir que nunca vas a encontrar lo que buscas y te convierte en un actor sin ganas dentro de las mismas apps. Si vas con la convicción de que nadie merece la pena, de que todos son iguales y que las aplicaciones no sirven, al final acabas hablando por hablar y quedando por quedar, pero sin tener ninguna intención real de esforzarte, y por lo tanto sin ninguna oportunidad real de éxito. Este fenómeno causa sensación de falta de conexión con el mundo, falta de autoestima y soledad.

Recuerdo vívidamente el caso de Paola, una chica que tenía todas las aplicaciones de citas posibles; pero llevaba un par de años sin parar de hacer *match* y tener citas, y sentía que no había nadie para ella. Al final, tenía casi veinte conversaciones a la vez en distintas aplicaciones y no dedicaba tiempo de calidad a ninguna. A la larga, cada vez sus conversaciones duraban menos y sus *matches* llegaban a tener menos intimidad y conexión. Se había acostumbrado a tener múltiples conversaciones superficiales con mucha gente, sin darse la oportunidad real de conectar con nadie. Entonces le pedí que dejase todas a un lado y eligiese a una persona que le transmitiese algo diferente, que se dejase guiar por su intuición y apostase todo por esa conversación.

Aunque su intuición la llevó a equivocarse en ese primer intento, esa experiencia le permitió tener más claro qué era lo que no buscaba, y tras dar por acabado el *match* de manera respetuosa, se decantó por una segunda persona con la que sentía que había conectado.

Poco a poco, a lo largo de dos semanas de hablar fue conectando con él y sintiendo algo de ilusión, hasta que decidieron quedar. Hoy en día siguen juntos, felices y con vistas a convivir. Todas las experiencias vinculares nos ofrecen un aprendizaje, y Paola supo verlo, valorarse y creerse merecedora de aquello que buscaba y quería. Puede que tuviera suerte justo en ese momento concreto, pero también, cuando pones todos tus huevos en la misma cesta y cuidas de un vínculo, abriéndote y dejándote ver, incrementas las posibilidades de crear algo valioso y duradero. Y no puedo estar más contento por ella.

Para finalizar este capítulo, me gustaría resaltar la incapacidad de mucha gente para gestionar los vínculos de manera sana o darles la importancia que tienen en el mundo digital. Muchas veces nos creemos que al tratarse de una persona en una pantalla no le debemos responsabilidad afectiva o no tenemos por qué decirle nada si nos cansamos o algo no nos gusta, y podemos simplemente dejar el móvil, deshacer el *match*, dar *unfollow* y desaparecer, cual *fantasmita*. Lejos de ser cierto, esto puede doler tanto como si ocurriese en el mundo analógico.

Si estás hablando con alguien de algo serio en persona y de repente te das la vuelta y te vas, quedas fatal, ¿no? Pues cada vez que te sientas agobiado o incómodo, si decides irte o dejar de contestar, el otro se va a sentir igual si no le explicas el porqué. Todos merecemos respeto. No se debe tratar a nadie de forma tan superficial y como si fuese un objeto telemático, porque a pesar de que no puedas ver su mirada, ni estar cerca de sus sentimientos ni experimentar su dolor o su ira, están y son tan reales como en persona.

> **En definitiva, el mundo de las aplicaciones es complejo, pero, si te sientes preparado, merece la pena darle una oportunidad y probar a ver qué encuentras en él.**

Eso sí, para hacerlo es importante que conozcas las dinámicas que se dan en él y que tomes todas las precauciones posibles para cuidarte, teniendo en cuenta que tu bienestar y tu felicidad deben ser una prioridad para ti.

10
LAS ESTRATEGIAS DE MANIPULACIÓN MÁS COMUNES Y CÓMO HACERLES FRENTE

Llevamos un gran recorrido hablando sobre las prácticas y las claves que nos pueden ayudar a conocer a la persona indicada para nosotros en este preciso momento, buscar o encontrar el amor, pero lamento decirte que no basta con trabajarse a uno mismo para que las cosas vayan siempre perfectas. **Porque las relaciones, aunque parezca una obviedad, no son cosa de uno.**

De hecho, la realidad es que nos vamos a encontrar personas que están terriblemente heridas y con problemas a la hora de vincularse, que van a realizar actos que poco o nada vamos a saber entender, y que nos conviene aprender a descifrar para poder actuar en consecuencia y cuidarnos. **Sobre todo, cuidarnos.**

Seguramente has oído hablar de algunas de estas prácticas relacionales muy poco responsables denominadas *ghosting*, *gaslighting* y *love bombing*, por mencionar solo algunas que son tendencia en la conversación *mainstream* y en las redes sociales. Aquí vamos a verlas todas, intentando encontrarles una explicación y analizándolas en detalle. Mi objetivo en las páginas siguientes es, en la medida de lo posible, arrojarte un poco de luz para enfrentarte a tu camino con esperanza.

Es importante entender que la gente que pone en práctica estos comportamientos en ocasiones no es consciente de lo que hace y, como veremos a continuación, con frecuencia son comportamientos que radican en una inseguridad profunda que subyace en la persona. (Estas palabras son vocablos ingleses porque las investigaciones allí son pioneras y las han nombrado así, sin que haya dado tiempo aquí a que se asiente una forma en castellano).

Es posible que no conozcas algunos de estos términos, pero estoy seguro de que todo lo que te voy a contar te resultará familiar, ya sea porque lo has experimentado en primera persona o alguien cercano.

Es importante resaltar que, aunque este sea un libro enfocado en los vínculos románticos, muchos de estos comportamientos también ocurren en el contexto de las relaciones familiares o de amistad.

1. GHOSTING

Esta palabra viene de *ghost* (en inglés, «fantasma» o «espectro») y se basa en que la persona desaparece bruscamente sin explicación, dejando de responder tus mensajes o llamadas, como si se hubiera evaporado. Cuando estás enamorado de alguien y sois pareja, esto puede causar reacciones traumáticas en quien lo sufre y muchísimo muchísimo dolor e incomprensión; pero también cuando estás en el proceso de conocer a alguien, cuando todavía nada está claro y hay muchos nervios y dudas, y por supuesto mucha ilusión. Ser objeto de este comportamiento por parte de alguien con quien buscamos o estamos vinculados es algo verdaderamente confuso, que puede generar muchos problemas de autoestima y dudas acerca de nuestra valía.

El problema de esto es que la persona que lo sufre no comprende por qué está pasando: alguien con quien todo iba bien, alguien con el que proyectabas un futuro, de repente ya no quiere saber nada de ti, y en algunas ocasiones ni siquiera sabes si está bien. Lo normal en estos casos es tratar de buscar razones y preguntarse el mítico «Qué he hecho mal», lo cual lleva a generar inseguridades y puede provocar comportamientos obsesivos en la persona, que a menudo repasará cada conversación, en busca de algún error, y cada cita que ha tenido.

Muchas veces, en la consulta, me doy cuenta de que la gente busca explicaciones por el *ghosting* sufrido que están basadas en su historia personal y traumas del pasado. Es decir, que busca en su libreta de experiencias traumáticas, acepta la conclusión sacada con esas gafas desde las que mira el mundo (o prisma manchado), y después actúa y vive su vida aceptando un sufrimiento que quizá es infundado o no le corresponde sentir, porque esa nunca fue la razón. Por ejemplo, creer que te han hecho *ghosting* porque tu cuerpo no gustaba, porque han conocido a otra persona, porque no eras divertido, por ser de una determinada clase social o color de piel, etc., son algunas de las conclusiones que más me encuentro.

El problema de esto es que acumulamos esas creencias e inseguridades y las proyectamos sobre las nuevas relaciones que construimos, en lugar de ver que muchas veces el problema nunca fuimos nosotros. Detrás del *ghosting* puede haber mil razones, pero lo importante es saber que **no existe responsabilidad afectiva si hay** *ghosting*, porque no hay nunca una razón que explique o justifique el hecho de desaparecer sin explicación de la vida de alguien que no ha hecho nada. El *ghosting* es un problema de comunicación de la persona que lo practica, una incapacidad para expresar emociones, para gestionar los vínculos, una forma de desaparecer sin tener que enfrentarte a los motivos y sin tener que pasar por una situación desagradable ni un momento incómodo.

Hay que destacar que en aquellos casos en los que la otra persona traspasa los límites que le hemos puesto de forma sistemática o pone en peligro nuestra integridad personal, **irse no es considerado** *ghosting*, **sino una forma sana y lógica de autoprotección**. Si tú le has comunicado a alguien repetidamente que te sientes incómodo con su comportamiento, que no quieres seguir aguantando ciertas cosas y a pesar de ello sigue por ese camino, no es de extrañar que acabes marchándote, pero la explicación va implícita. Pero esto no es *ghosting* como tal, que se asocia más a desaparecer de la vida de alguien de forma injustificada y sin explicación.

En definitiva, el *ghosting* **injustificado es una forma de cobardía.** Si cuando estabas conociendo a alguien, esa persona te hace *ghosting*, quiero que pienses que te ha hecho un favor. Piensa en lo que estás descubriendo de esa persona y en cómo reaccionaría cuando tengáis un problema en el futuro, cuando realmente tus sentimientos sean mucho más intensos. El hecho de que no sepas nada más te está indicando que no tiene responsabilidad afectiva, que no se sabe comunicar, que no es capaz de poner los problemas sobre la mesa, lo cual claramente indica que no está preparado para ofrecer la relación que probablemente buscas. Así que piensa si **de verdad quieres a alguien así en tu vida.**

No se trata tanto de entender por qué lo ha hecho, sino de saber que una persona que merece la pena jamás haría eso.

Por último, tenemos un término conocido como *caspering*, que es la versión válida del *ghosting*, que consiste en decirle a alguien los motivos por los cuales no quieres seguir hablando. **Por decirlo simple y llanamente, es la desaparición elegante.**

2. GASLIGHTING

También conocido como «hacer luz de gas». Este término viene de la obra de teatro *Gas Light*, escrita en 1938 por el dramaturgo británico Patrick Hamilton. En ella, un hombre manipula a su mujer haciéndola dudar de su propia percepción de la realidad al bajar las luces de gas de la casa (de ahí el título) y luego negar que lo hizo. A través de esta manipulación, el marido logra que ella se cuestione su cordura, lo que ejemplifica el comportamiento que hoy conocemos como *gaslighting*. Este es un patrón emocional en el que la víctima acaba dudando de su propia percepción, juicio, memoria e incluso —como en este caso— de su propia visión, debido a lo que la otra persona le hace creer. **Esto provoca ansiedad, confusión e incluso culpabilidad.**

Al respecto, te pongo un ejemplo que le pasó a una paciente: imagina que estás discutiendo con tu pareja y te dice que no quiere acostarse contigo porque está cansado. Después te comenta sutilmente que le gustan las chicas que están en forma y que últimamente no siente tanta atracción por ti, reprochándote que no estás haciendo ejercicio. Tú le dices que no está bien que se meta con tu físico, porque eso te hace sentir insegura, a lo que él te responde que jamás se ha metido con tu físico, que eres muy sensible, que te lo has imaginado todo y que él solo hablaba de la importancia de hacer deporte. Después te dice que es imposible hablar de nada contigo, que la relación ha perdido la confianza y que para evitar que te ofendas se siente reprimido para decir según qué cosa. A medida que avanza la conversación, poco a poco vas sintiéndote más y más culpable: por crear problemas donde no los hay, por ser insegura, por imaginar cosas cuando no toca, y entonces acabas pidiéndole perdón (además, te sientes insuficiente).

Este ciclo es horrible porque la persona que lleva a cabo el *gaslighting* te machaca y te hace cosas negativas cada día, pero cuando vas a quejarte o a sacarlas a la luz para enfrentarte a una situación injusta, te hace sentir como si tuvieses un problema serio que debes resolver, y al final siempre la culpa de todo es tuya, de tu interpretación y de tu manera de ver el mundo («Cuánta paciencia tiene que tener», piensas). **El típico «No soy yo, eres tú».**

Las consecuencias psicológicas de esto van desde la falta de autoestima, las dudas sobre la capacidad para recordar cosas, la inseguridad sobre la propia salud mental, la sensación de impotencia y frustración y, por último, la indefensión.

Debes confiar en ti mismo y también debes saber que si tú has entendido algo de una forma, es importante que confíes en tu criterio y hablarlo. Si una persona te ha ofendido, debería disculparse por cómo te ha hecho sentir y validar tus emociones, en lugar de decirte que es tu problema por tomártelo de esa manera.

No dejes que nadie te diga cómo debes tomarte las cosas, si eres o no dramático, o si tu capacidad de comprensión está deteriorada.

Si esto no te pasa con nadie más, es una forma clara de darte cuenta de que *el problema no eres tú, es la otra persona*. Con frecuencia, las personas que tienen este tipo de comportamientos son narcisistas y orgullosas, que odian pedir perdón, reconocer sus errores o pensar en los demás, y su incapacidad para tener empatía se suma a su incapacidad para admitir que no están haciendo las cosas bien. **Si todo se vuelve confuso y dudas de tu propio juicio de manera constante, no es ahí.**

3. ZOMBIEING

Esta práctica consiste en hacer *ghosting* a alguien y después volver a su vida como un zombi resucitado de entre los muertos, como si nada hubiera pasado.

La persona reaparece en tu vida, te da una explicación sobre lo que hizo (en el mejor de los casos) y espera que todo vuelva a ser como antes, incluso puede llegar a perseguirte y ser insistente contigo si decides no perdonarla. Este comportamiento suele provenir de individuos que actúan de forma inconsistente, con gran inestabilidad emocional y poco maduras, que dan bandazos sin rumbo fijo y confunden a la persona con la que se vinculan.

Como profesional, no recomiendo dar una segunda oportunidad a alguien que en cualquier momento puede desaparecer sin explicación, a no ser que tenga una muy buena razón para ello y reconozca el dolor que ha causado, disculpándose y haciendo una reflexión madura de por qué ocurrió y explicando por qué no volverá a ocurrir.

4. ORBITING

Esta es una práctica, mucho más retorcida que el *ghosting* y el *zombieing*, que consiste en mantener cierta presencia alrededor de la persona, confundiéndola enormemente, sin que el otro sepa qué quiere ni cuáles son sus intenciones. Para que lo entiendas con ejemplos cotidianos: la persona puede ignorar tus mensajes, pero mientras estar dándote *likes* en las redes sociales, mirando tus historias de Instagram, mandándote vídeos o *reels*, y haciéndote saber que está ahí, sin estarlo realmente, permaneciendo en todo momento alejado como si de un satélite que gira alrededor de un planeta se tratara, sin llegar a crear nunca un vínculo profundo. Ahora se entiende, ¿no?

Esta persona quizá aparezca de vez en cuando para escribirte, hable contigo una o dos noches para que caigas de nuevo en el juego, y después vuelve a irse. Este comportamiento se establece como una manera de retener, para que el otro no se olvide del satélite y por una necesidad de tener a alguien siempre en la recámara; pero lo cierto es que no hay un interés real ni mucho menos un compromiso de tener una relación seria.

Lo peor de esto es que la víctima puede obsesionarse con su

necesidad de entender el comportamiento del otro, lo cual puede generar una dependencia emocional. Con el tiempo, la persona puede llegar a desarrollar análisis obsesivos de su conducta y la del otro, intentando buscar por qué hay días en los que recibe más atención que otros y cambiando su forma de ser para agradarle. Pero es importante entender que **no hay nada que puedas hacer para que una persona así decida estar contigo.**

> Piénsalo: ¿por qué deberías aguantar algo que no es lo que tú buscas o quieres? ¿Crees que no mereces respeto, atención, cariño y amor?

Ahí radica muchas veces el problema de la persona que consiente: pensar que el otro es increíble, y uno no tanto, y por eso debe esforzarse para entender lo que el satélite quiere. ¡**Pero nada más lejos de la realidad**!

5. BREADCRUMBING

¿Recuerdas el cuento de Hansel y Gretel, en el que dos hermanos dejan migas de pan por el bosque para no perder el camino de regreso a casa? Eso es lo que significa literalmente *breadcrumbing*: dejar miguitas de pan emocionales. Las personas que lo practican no tienen ninguna intención de establecer un vínculo profundo basado en un compromiso, pero les encanta la atención.

Es muy probable que te respondan de vez en cuando, tonteen contigo, te digan cosas bonitas y luego desaparezcan de pronto. Con esta presencia inconsistente buscan que la otra persona esté disponible para ellos cuando lanzan una miguita, lo cual a menudo genera en quien las recibe una ansiedad constante, a la espera del siguiente momento de atención.

Este tipo de personas son enormemente inseguras y llenan su autoestima a base de tener a gente detrás. Esta práctica se diferencia del *orbiting*, ya que aquí la persona responde a tus demandas y acercamientos de forma muy pequeña e insuficiente, pero no va a buscarte, solo se limita a responder. Ambas suelen ir combinadas, pero el *orbiting* tiene un punto más de crueldad, porque no deja que el otro pase página. En el *breadcrumbing*, la persona se limita a responder con un 3 de intensidad por cada 10 que tú aportas, pero invirtiendo muy poco tiempo y nunca dándote un plato completo, solo migas.

Y tú mereces mucho más que las migas.

6. BENCHING

El *benching* es parecido al *breadcrumbing*, y viene de la palabra *bench*, que en español se traduce como «banco» o «banquillo». Si alguien está practicando esto contigo, siento decirlo, eres esa persona a la que no expulsan del todo para que pueda hacer su vida o para que vaya a jugar a otro equipo como jugador principal; te tienen en el banquillo con la promesa de jugar algún día, solo que ese día nunca llega. **Y si estás ahí es porque quieres jugar.**

Las personas que tienen este comportamiento te darán unos niveles medios de conversación para tenerte ahí; no será suficiente para sentirte su prioridad, pero sí para sentir o pensar que vais hacia algún sitio. De esta forma te retienen, por si llegado el momento les interesas, ya sea para llenar una noche de aburrimiento después de que alguien les cancele un plan o acostarse contigo después de una fiesta tras llegar a casa desinhibido y con alguna que otra copa, por ejemplo.

Este tipo de mensajes crean grandes adicciones porque producen una constante sensación de que el gran momento en el que sales a jugar va a llegar, provocan una sensación de ilusión, de manera fundamentada, pero basada en algo irreal. En este sentido me encanta una película clásica y divertidísima que se llama *Qué les pasa a los hombres*. En esta película se habla de muchos temas, entre ellos el *benching* y sus consecuencias sobre la mente de la persona que lo experimenta.

Si tienes la sensación de que tu tiempo de juego nunca llega, o que eres un segundo o tercer plato, tampoco es ahí.

7. CUSHIONING

Esta práctica consiste en meter en un cojín emocional (en tu vida) a una persona, o varias, antes de romper con tu pareja, para amortiguar el golpe.

Generalmente, las personas que lo practican hacen lo que llamo «el Tarzán», porque van de liana en liana intentando unir una relación con otra por el miedo tremendo que tienen a la soledad. Cuando están estableciendo un vínculo con alguien y empiezan a sentir que sus defectos son demasiado para ellos, o a sentir que necesitan más que lo que están obteniendo en el vínculo, comienzan a hablar con otra persona, ilusionarse, abrir su círculo, y según va avanzando la cosa se sienten seguros para dejar a su pareja, pues siempre tienen a alguien que amortiguará la caída de dejar el vínculo que ya no quieren sostener.

Hay muchos casos de personas que llevan con sus parejas tantos años, o desde una edad tan temprana, que no saben cómo sería su vida sin alguien que los apoye todo el tiempo. En la consulta, hay pacientes que me han dicho que no sienten nada por su pareja, que besarla es un esfuerzo, pero que la razón para seguir es lo mucho que la quieren o que nadie los va a querer igual.

En esos casos, es lógico pensar que la única forma que la persona tiene para dejar esa relación será encontrar alguien que la quiera igual, pero le guste más o les genere más emoción para poder lanzarse. **Vamos, una excusa en toda regla para salir.**

8. NEGGING

Este término viene de la expresión en inglés *to neg*, es decir, «hacer un comentario negativo», y se refiere al comportamiento de esas personas que te halagan de una manera en la que el cumplido oculta alguna intención ambigua. Es como cuando te dicen: «A mí siempre me han gustado las chicas rubias, pero tú eres tan increíble por tu forma de ser que eres la excepción» o «Ahora que has engordado, ese vestido te sienta genial».

Esta táctica de manipulación emocional busca que la persona acabe persiguiendo la aprobación del otro para absolutamente todo, volviéndola insegura y tremendamente vulnerable a las opiniones del manipulador. Al final, no sabrás si algo de lo que te ha dicho te hace sentir bien o si, por el contrario, te ha hundido, por lo que te encontrarás rumiando confundido.

Normalmente, las personas que hacen esto suelen ser personas frías, con poca empatía e incapaces de entender que las palabras tienen un efecto muy grande en los otros. Probablemente, si les expresas cómo te has sentido, no podrán entender tu reacción, la minimizarán y te harán sentir demasiado «dramático» o «sensible». Al final, las personas inseguras y con baja autoestima son las más vulnerables a este tipo de práctica y a las personas que la practican, sintiéndose agradecidas de que alguien como él o ella, con las opiniones tan claras, con tanto criterio, se haya fijado en alguien como ellos.

Esa táctica de opinar, de hablar tan claro, provoca que quienes practican el *negging* se vean seguros y poderosos, y, por otro lado, hacen pequeñita a la persona que siente que tiene que aguantar el cumplido porque «no era malintencionado». Si te enfadas, te dirán: «Jope, para algo bueno que te digo… Es que no me dejas ni piropearte, te tomas todo a mal, lo retuerces. Luego no me pidas que te diga más cosas; a partir de ahora me voy a callar».

Así, la persona que recibe estos comentarios va callándose poco a poco y va sintiendo que no tiene derecho a responder, porque el otro «solo es sincero y dice las cosas con amor». Esto mina la autoestima del receptor del *negging*, y, en el vínculo, se va generando una dinámica de poder desequilibrada que puede tener efectos terribles.

9. CURVING

Este término hace referencia a cuando alguien te rechaza de una forma tan sutil y ligera que no entiendes lo que acaba de pasar; es decir, el mensaje que te da es muy ambiguo. Quien practica el *curving* no te dirá que le gustas ni que tiene ganas de conocerte, pero tampoco te dirá que no eres su tipo o que no quiere nada contigo. **Es un eterno «ni confirmo ni desmiento»**. En ocasiones, esta persona prefiere mantenerte ahí, por si en algún momento le apetece retomar el vínculo (*benching*) y, en otras, como no tiene habilidades de comunicación directa ni asertividad, le resulta más fácil responder a tus mensajes de vez en cuando y de forma educada que afrontar «esa conversación» incómoda en la que te aclara que no tiene interés en ti (comportamiento propio de las personas evitativas).

Por lo general, jamás empieza una conversación, tarda muchísimo en contestar, siempre está poniendo excusas y al final del día no quiere realmente hablar contigo ni esforzarse porque la conversación sea apasionante. Sus respuestas son sosas, aburridas y no tiene mucho que aportar, con el objetivo de que todo vaya muriendo poco a poco. Probablemente, al final acabe haciéndote *ghosting*, pero ocurrirá de forma muy lenta y dolorosa.

10. FISHING

Es, básicamente, pescar para ver quién cae en el anzuelo. Se trata, por ejemplo, de mandar mensajes a las tres de la mañana al volver de fiesta; mensajes despersonalizados que podrían haber reenviado a diez personas más sin ningún tipo de remordimiento. Las personas que lo practican solo pretenden hacer un determinado plan o cubrir una necesidad sexual o de soledad, y tú eres el medio para ello. También ocurre con esos amigos que quieren ir a un concierto o cenar fuera, y escriben a mucha gente para ver quién los acompaña.

No tiene nada de malo buscar gente para hacer un plan, pero la otra persona se puede sentir poco valorada y especial, sabiendo que lo que importaba realmente no era verla a ella, sino el plan y tener a alguien para no ir solo. **En definitiva, si no hubieras sido tú, habría sido otra persona.**

11. ROACHING

Esta práctica consiste en hacerle ver a alguien que eres su pareja y que hay un compromiso sin que realmente sea así. Puede que, por ejemplo, la persona te presente a sus padres, te permita dejar cosas en su casa, te invite a bodas u otros eventos familiares, os vayáis de vacaciones, etc., pero luego, al final del día te dirá que no sois nada o que está quedando con más personas, y que no entiende cómo puedes pensar que lo que teníais era exclusivo cuando desde el principio te había dejado claro de qué iba vuestra relación. En estos casos son habituales frases tan famosas como: «Nunca le hemos puesto etiquetas a esto» o «Pensaba que tú también estabas quedando con más personas».

Este término viene del inglés *cockroach* («cucaracha»), y reconocerlo en primera persona es similar a esa sensación de darte cuenta de que una cucaracha sale de tu lavabo, una sorpresa muy desagradable. Lo peor de las personas que practican el *roaching* es que probablemente te van a hacer sentir tremendamente culpable, además de ingenuo y tonto, por haber creído que querían algo contigo. Pero que quede claro: tú no eres nada de eso y mereces mucho mucho más.

Si alguna vez has vivido algo similar, al haberos comportado como una pareja durante mucho tiempo, es normal que hayas desarrollado sentimientos profundos por esa persona y la ruptura se sienta igual que una relación en la que había un compromiso mutuo y proyectos a largo plazo. Por eso es común ver duelos de meses, o incluso de más de un año, a raíz de este tipo de relaciones, ya que, aunque no hayáis sido pareja, puedes llegar a sentir tanto como si así hubiera sido. El problema es que el dolor suele ser unilateral, porque el otro no ha vivido la relación como tú, y esto puede intensificar aún más el duelo, ya que llegas a sentirte estúpido y a desarrollar sentimientos de culpa por ser el único que está sufriendo (y ver, además, que la otra persona está muy lejos de esos sentimientos). **Es como si la relación hubiese sido una mentira y todo lo que has invertido y dado hubiese sido en vano.**

12. POCKETING

En mi opinión, esta es una de las peores prácticas relacionales. Viene del término en inglés *pocket* («bolsillo») y hace referencia a cuando tu pareja, o la persona con la que tienes el vínculo que sea, te oculta de su mundo. Esto pasa muchísimo cuando alguien no tiene ganas de comprometerse realmente o se avergüenza de la persona con la que sale, por los motivos que sean.

En el caso de las personas LGBTQ que no han salido del armario, esto es bastante común. En general, con esta práctica se mantiene separada a la pareja de partes importantes de la vida, por lo que es imposible llegar a conocer de verdad al otro, pues no lo ves como es con su entorno cercano, no sabes de dónde viene o cómo actúa fuera de vuestra relación y, por ende, es *imposible* conectar plenamente. Por su parte, la otra persona acaba sintiéndose perdida, insegura, como si hubiese algo malo en ella. Lo peor es que si presiona, a menudo siente que la pareja le está haciendo un favor con algo que debería ser natural en una relación.

Por lo que he comentado anteriormente, estas relaciones suelen acabar mal, y, ante la ruptura del vínculo, quien practica el *pocketing* sufre mucho menos, porque nadie de su entorno conocía a la pareja, por lo que nadie le va a preguntar por ella. Muchas personas quieren evitar esto y dicen: «Si no estoy plenamente seguro, no lo presento a la gente de mi círculo, así no pasa nada si luego lo dejamos». Pero, claro, quizá ese es precisamente el motivo de no estar plenamente seguro: no haber tenido la posibilidad de entrar en la vida de la otra persona ni conectar de lleno.

También existen otros términos que creo que es importante que conozcas:

COOKIE-JARRING

Consiste en salir con una persona únicamente cuando te aburres y no tienes mejor plan con tus otras opciones. Es aquel que solo te escribe cuando nadie más le hace caso, cuando está un domingo en casa con el día muerto y no sabe a quién más recurrir. **Si le hablas o le escribes en otro momento, no te va a prestar atención.**

Es importante no confundirlo con el *cushioning*, ya que en esta práctica la persona está siempre en pareja y el motivo para tener una alternativa es evitar la soledad y amortiguar el golpe de la posible ruptura; es decir, es un empujón para dar el paso. El *cookie-jarring* es algo mucho menos elaborado, que consiste simplemente en mantener la agenda llena para evitar la soledad a nivel general; en tener el bote de galletas lleno, por si acaso.

CUFFING O WINTER COATING

Es similar a la práctica anterior, pero solo ocurre en invierno, cuando hace frío y quieres a alguien con el que mantener un vínculo afectivo y ver Netflix tapados con una mantita y abrazados, o vivir la época festiva en compañía. De hecho, existe el término *fielding*, que consiste en preparar el terreno a finales de verano teniendo muchas citas, casi de forma compulsiva, a modo de preparar las provisiones para el invierno. Esta práctica podría resumirse en la frase: «Más me vale encontrar a alguien antes de que empiece el frío».

FLEABAGGING

Esta práctica, que recibe su nombre por Fleabag —la protagonista de la serie homónima creada por la magistral Phoebe Waller-Bridge—, hace referencia a la capacidad que tenemos para salir con personas que no nos convienen para nada, siendo conscientes de que tenemos un patrón que resulta problemático, y, aun así, lo repetimos una y otra vez.

WHELMING

Proviene del término en inglés *overwhelmed* («abrumado»). Consiste en presumir constantemente de lo muy solicitado que estás y de los muchos ligues, pretendientes y citas que tienes, de forma que tu *match*, o persona que estás conociendo, sentirá que estás tremendamente solicitado. El problema de esto es que proviene de una inseguridad y de la necesidad de mostrar algo que, por otro lado, a la otra persona no debería influirle. Todos conocemos la ley de la oferta y la demanda (algo que es muy demandado nos genera más interés); y aunque venderse un poco de manera natural y sutil es normal (todos buscamos gustar), en estos casos **quien lo practica busca hacerse el interesante de manera exagerada**, comentando la enorme lista de pretendientes y citas que tiene y creando una sensación de competición que huele a desesperación.

Normalmente, la persona que hace esto siente que por sí misma no va a triunfar, por eso necesita hacer ver lo solicitada que está, aunque sea a través de mentiras: porque cree que sin ello no será suficiente. Yo siempre digo que si tienes que hacerte el interesante y mentir es que no lo eres, porque alguien interesante de verdad no necesita fingir que lo es.

Hemos llegado al final del capítulo y seguramente has descubierto muchos comportamientos que conocías, pero para los que no tenías un término, y, quizá, incluso te hayas visto reflejado en alguna de estas situaciones.

Cuando experimentas este tipo de prácticas es normal sentirse completamente perdido y desconectado del mundo amoroso, y también es natural creer que uno es el problema. Pero déjame decirte algo, querido lector: si has llegado hasta aquí es porque estás haciendo grandes esfuerzos por ser una persona sana y ser mejor para los demás (y, sobre todo, para ti).

Tú no tienes la culpa de que otras personas no hayan trabajado su manera de vincularse con el resto del mundo, por lo que no puedes castigarte por sus errores. Es como si aprendes a cocinar una preciosa paella, con su arroz perfecto, su punto de cocción y su aliño, y llega alguien y le echa un puñado de sal y arruina todo tu esfuerzo. Esa paella ya no podrá comerse, igual que la relación ya no podrá llegar a buen puerto; pero como tú sabes cocinar paella, podrás replicar perfectamente ese plato, y entonces puede que esta vez alguien venga y eche un toque de pimienta o alioli, que incluso mejorará lo que tú habías hecho.

Es importante que entiendas que cuando te esfuerzas por hacer las cosas bien y sentirte bien contigo mismo, no debes machacarte pensando dónde has cometido el error o que no eres suficiente (a pesar de que has dado todo de ti), porque simplemente el error nunca estuvo en ti.

Cada uno vive la serie de su propia vida, y que tú vayas por la temporada diecinueve de la tuya no quiere decir que la otra persona también. Quizá, aún le quedan muchas temporadas para ver. La cuestión es que seas consciente de **lo único que puedes hacer tú: trabajar en tu propio crecimiento para convertirte en la mejor versión de ti mismo**. Lo que hagan los demás con la paella que les ofreces es cosa suya, tú nunca podrás controlarlo.

11
SITUACIONES QUE PUEDEN DIFICULTAR LA BÚSQUEDA DE PAREJA

Hasta ahora hemos hablado de las muchísimas cosas que uno puede hacer para facilitar el proceso de encontrar pareja, y de cómo hacerlo de forma sana y segura, y, sobre todo, **sin perderse a uno mismo por el camino ni desatender las propias necesidades, inquietudes y deseos.** Pero en este capítulo te voy a hablar de **diversas creencias, barreras, miedos y situaciones que pueden dificultar el hecho de que conectes con alguien sin ni siquiera darte cuenta.**

Por mucho que hagas todo lo que hemos visto hasta ahora y que tengas muy claras las cosas, si existe algo de lo que trataremos a continuación en tu vida, puede que te encuentres dándote cabezazos contra una pared, sin saber lo que falla.

> El conocimiento es poder, por lo que espero que estas páginas te empoderen para buscar lo que quieres, cuidándote todavía más de lo que con seguridad ya lo haces.

LO PRIMERO DE TODO: YO

Antes de sentarte y preguntarte qué buscas en una pareja, primero debes preguntarte si sabes **qué puedes ofrecer tú a una pareja**. Estamos muy obsesionados con encontrar a la persona correcta que nos quiera incondicionalmente, con sentirnos importantes, escuchados, validados, respetados…, pero pocas veces nos ponemos a pensar en lo difícil que es saber convertirse en esa persona correcta que estamos buscando para nosotros mismos. **Saber querer profundamente bien a alguien es una de las tareas más complicadas del ser humano.**

Cuidado, con esto no estoy hablando de cambiar para convertirte en la persona correcta para alguien concreto, adaptándote a lo que busca o quiere el otro, sino de **lo difícil que resulta aprender a dar amor y seguridad a alguien de forma constante cuando no eres capaz de dártelo a ti mismo.**

> ¿Sabes querer a la persona más
> importante de tu vida?
> ¿Te sientes querido por ti
> mismo incondicionalmente?
> Es ahí cuando sabrás si estás listo para
> querer a otra persona.

Es importante que seas consciente de tus cualidades principales y que sepas lo que eres capaz de ofrecer al prójimo, porque no ser consciente de por qué la otra persona podría elegir estar contigo cuando, por tu parte, existe una profunda admiración hacia ella, puede hacer que te coloques en una posición de inferioridad en la relación que estás construyendo.

Me explico: si tú admiras a tu pareja en profundidad, pero no eres consciente de ninguna de tus cualidades, puede ocurrir que haya una descompensación en el vínculo.

Si no encuentras nada o pocas cosas por las cuales sentirte valioso, pero ves a tu pareja grandiosa en mil sentidos, al final terminarás por sentir que casi te está haciendo un favor por el hecho de estar contigo, y ahí es cuando se desarrolla el sentimiento de inferioridad y los «no te merezco» tan dolorosos.

Recuerda que si una persona tan increíble ha elegido estar contigo será porque tú debes ser por lo menos igual de increíble, ¿no crees? Es importante que no te olvides de esto, pues no tiene sentido que consideres que tu pareja es inteligente y a la vez consideres que se está fijando en ti sin tener ningún tipo de criterio.

A continuación, te propongo un ejercicio para ayudarte a ver qué concepto tienes de ti mismo. Quiero que tomes una hoja y la dividas en tres columnas: en la primera vas a poner cómo eres físicamente, en la segunda cómo eres personalmente y en la tercera qué puedes ofrecer a la otra persona. Tómate todo el tiempo que necesites, y cuando estés satisfecho con lo que has escrito, sigue leyendo estas páginas.

En la **primera columna**, la del físico, los pacientes suelen usar adjetivos calificativos (por ejemplo: «Soy alto», «Soy peludo», «Soy delgada», etc.), o también valorarse con adverbios de cantidad (como «Tengo mucho pecho» o «Soy demasiado pelirrojo»). Es importante que seas totalmente objetivo, libre de condicionamientos. No es lo mismo decir «Soy alto» que decir «Mido un metro y ochenta y ocho centímetros»; lo primero es una valoración y lo segundo es un dato objetivo. Quizá eres alto para una persona y bajito para un jugador de baloncesto. ¿Lo ves? Es decir, no eres una persona delgada ni gorda, pesas setenta kilos.

El problema de la descripción de uno mismo es que está mediada por los juicios de valor que hacemos basándonos en nuestra educación y en las creencias que nos han sido implantadas por nuestra cultura. Al hacer esto, estamos perdiendo la objetividad y pudiendo teñir de juicio nuestra percepción de nosotros mismos. Al aprender a describirnos de forma objetiva, eliminamos todo sesgo y podemos percibir una imagen más realista de nosotros.

En la **segunda columna** quiero que pongas cosas que te definen (por ejemplo: soy fiel, sincera, agradable, amistosa, tímida, testaruda, etc.). Si no sabes por dónde empezar, te recomiendo que hables con tus amigos y les pidas que intenten definirte usando diez adjetivos, positivos o negativos. Después, analiza cuáles son similares a los tuyos, cuáles jamás hubieras puesto en tu lista y cuáles te sorprende que estén. Pregunta a tus amigos por qué consideran estos adjetivos como definitorios de tu persona y reflexiona por qué tú no lo valoras del mismo modo. ¿Quizá no te permites ver partes bonitas de ti mismo? ¿Quizá eres demasiado duro contigo?

En cuanto a la **tercera columna**, deberás anotar aquello que consideras que ofreces a los demás (por ejemplo: seguridad, estabilidad, honestidad, amor, calidez, etc.).

Recuerda que, así como hiciste en la segunda columna, puedes preguntar a otras personas qué consideran que les aportas; aunque siempre es importante que, al respecto, crees tu propio criterio. El peligro de adoptar todo lo que otros te digan es que al final no estás seguro de nada, pero también que dejas el concepto que tienes de ti mismo a merced de las opiniones variables de otros.

Claro que debemos tener en cuenta las opiniones ajenas sobre nosotros para hacernos una idea realista, pero también debemos tener cierta seguridad sobre lo que aportamos en un contexto relacional, de forma que no todo dependa de los demás, y así no pender de un hilo.

LAS MALDITAS CREENCIAS LIMITANTES

Antes de buscar pareja, tienes que explorar todas aquellas creencias o condicionamientos limitantes que puedes tener interiorizados y te impiden conectar como te gustaría o necesitarías. En este sentido, hay una frase que me encanta que dice: «**Si no tienes historia, no tienes que estar a su altura**». Esta frase dice muchísimo más de lo que parece y ahora verás a qué me refiero.

Tiziana era una chica de veintipico años que llegó a la consulta diciéndome que el amor se le daba mal, que todos los hombres eran iguales y que todas sus relaciones fracasaban. Era el ejemplo perfecto de tener una historia bien montada y vivir de acuerdo a ella. Con esto me refiero a que los seres humanos necesitamos tener una idea sobre quiénes somos (esto nos da paz mental), y para ello a veces nos contamos una historia sobre nosotros mismos, una que repetimos en numerosas ocasiones, incluso si no es cierta, hasta que se vuelve verdad. Si con el paso del tiempo no nos planteamos de vez en cuando si esa historia sigue siendo igual, podemos llegar a estancarnos en una imagen de nosotros que ya no funciona ni es real.

Somos seres cambiantes, variables, y esa historia no debe definirnos de por vida, ni mucho menos limitarnos.

Tiziana vivía tan convencida de que le iba mal en el amor y que siempre fracasaba (esa era su historia personal bien montada) que al final, sin darse ni cuenta, ella misma saboteaba todo para vivir acorde con su propia creencia. A la primera de cambio que un chico no le respondía después de haber conectado con él, le escribía diciendo que era mejor dejarlo estar y que «Ya me sé esta historia y no quiero volver a vivirla»; es decir, no daba la oportunidad real de entrar en su mundo ni se daba a sí misma la oportunidad de conectar. De hecho, cuando veía que le estaba yendo bien, su creencia nuclear («No soy buena en el amor» o «Las relaciones siempre me salen mal») saltaba por los aires.

> ¿Te das cuenta de cómo la historia que nos contamos a nosotros mismos puede ser tremendamente limitante y puede hacer que nos perdamos cosas increíbles?

Probablemente te estarás preguntando de dónde salen todas estas creencias disfuncionales o limitantes. Como recordarás, en anteriores capítulos hemos hablado sobre las creencias nucleares, de cómo se meten en nuestro subconsciente y generan patrones que pueden marcar nuestra forma de ver el mundo.

Justamente de allí salen estas creencias: de historias vividas con anterioridad, de historias que nos han hecho daño y que al final han generado un pensamiento en nosotros con el fin de protegernos o salvarnos («Todos los hombres son iguales. Tienes que desconfiar siempre de ellos o te harán daño»). El problema es que quizá estas creencias eran apropiadas para una situación concreta, pero si no las revisamos o les damos una vuelta, puede ser que empiecen a definir nuestra conducta en situaciones en las que no son apropiadas, o también puede ser que nos equivoquemos (por ejemplo, cuando damos con un hombre honesto).

Los psicólogos trabajamos esto con lo que se denomina reestructuración cognitiva, que una técnica usada en psicología para identificar patrones o pensamientos disfuncionales o negativos y reemplazarlos por otros más racionales y positivos, de forma que nuestro comportamiento y nuestras emociones no se vean influenciadas por estas creencias.

A continuación, incluyo una lista de creencias, las cuales me encuentro constantemente en la consulta, y cómo es posible rebatirlas con reestructuración cognitiva.

1. No soy suficiente

Esta creencia se repite muchísimo en la consulta, y lo peor es que muchas veces las personas no saben decirme por qué motivo sienten que no son suficientes o que no merecen la pena.

> ¿Qué te falta para ser suficiente?
> ¿Qué añadirías a tu persona para ganar eso que crees que te falta?

Aquí es importante destacar la diferencia entre **autoestima y autoconcepto**.

El autoconcepto es el conjunto de ideas y creencias, tangibles y racionales, que nos hacen formar la imagen mental de cómo somos (aquello que es posible describir verbalmente); mientras que la autoestima es un componente mucho más emocional que se basa en las valoraciones o juicios que hacemos (como en el ejercicio anterior) sobre cada una de esas ideas y creencias.

Aquí también entran en juego el *autoconcepto real* y el *autoconcepto ideal*.

El primero es la imagen real que tenemos de nosotros mismos, y el segundo es el que nos gustaría tener si dispusiésemos de una varita mágica y pudiéramos diseñarnos a la perfección, es decir, el yo ideal. Si la diferencia entre ambos es muy grande, y estamos muy lejos de ser la persona que querríamos ser, sintiéndonos mal con la que somos, se dice que tenemos una baja autoestima.

> El autoconcepto no se basa en juicios de valor, pero la autoestima es precisamente el cómo nos juzgamos a nosotros mismos y a cada característica, valorándola como cualidad o defecto. La autoestima se basa en la diferencia, en lo lejos o cerca que está nuestra imagen o percepción real de esa imagen perfecta o expectativa que tenemos sobre «cómo deberíamos ser».

Si tú le preguntas a alguien que se considera inteligente (autoconcepto) el porqué de esta valoración, lo más probable es que te diga, por ejemplo: «Porque saco buenas notas», «Porque lo dicen los test de inteligencia», «Porque siempre aprendo rápido», etc. El problema es cuando nos preguntan por qué merecemos ser queridos, y empezamos a dar razones concretas como «Porque ayudo a todo el mundo» o «Porque siempre estoy ahí para los demás cuando me piden algo», lo que implica que sin esas acciones, en una semana o mes malo, **cuando no podamos dar el cien por cien, no nos sentiremos merecedores de amor, está condicionado**.

No somos culpables de esto, y debemos quitarnos ese peso. Yo mismo tengo anécdotas en ese sentido: recuerdo la etapa previa a la universidad, donde todos estábamos agobiados con aprobar la selectividad y poder sacar la nota adecuada de cara a elegir carrera. Este era un momento donde se nos valoraba principalmente por nuestra capacidad para centrarnos, elegir y tener firmeza en esas decisiones. «Es tu deber», me decían. En ese contexto de competitividad y carrera de fondo, cada fracaso era demoledor. Se hacía muy difícil quererse a uno mismo si no tenías claro lo que querías hacer o no tenías un objetivo concreto. Yo cambié dos veces de carrera en esa búsqueda de mi propósito, y eso me hizo sentir menos válido, y por tanto, menos merecedor de sentirme orgulloso y quererme. Todo esto nos enseñaba que lo que valíamos o por lo que merecíamos reconocimiento se basaba en un resultado académico.

Mi entorno me enseñaba que el amor que merezco depende de lo bueno que sea y de las cosas que consigo.

«Si tengo más estudios, más dinero, *mejor* cuerpo, *mejor* casa, la gente a mi alrededor me querrá más». Así vamos aprendiendo poco a poco cómo calcular nuestro «valor», como si fuésemos un cojín de una tienda de muebles.

Tengo la grandísima suerte de que mi madre me quiere muchísimo, y de hecho lo hace incondicionalmente, pero hay veces que ese amor no se expresa de forma correcta. Y hablando de madres, seguro que muchas veces habéis visto en las noticias al típico criminal que ha cometido actos horribles, y la única persona que va a verle es su madre. Esto es el amor incondicional, expresado o no, que muchas madres dan por el simple hecho de que somos sus hijos. **Ese mismo amor es el que deberíamos trabajar para darnos a nosotros mismos por el simple hecho de ser nosotros y tenernos siempre a nuestro lado.** Porque nosotros siempre estaremos acompañándonos en el camino, pase lo que pase.

Amarnos incondicionalmente no quiere decir no mejorar y sentirnos orgullosos de lo negativo: quiere decir que no vamos a ponernos condiciones para irnos cada día a la cama sintiéndonos queridos y acompañados.

2. Hay algo malo en mí

Esta creencia suele ir acompañada, como la anterior, de un no saber qué es eso que hay tan malo en mí, pero sí tener el sentimiento de que si alguien me conoce de verdad, va a descubrir lo horrible que soy y se va a ir.

Te voy a decir algo que creo muy necesario: claro que hay muchas cosas malas en ti, en ti y en todos; pero la persona que decida quererte aprenderá a valorarte por todas las cosas buenas que tienes.

Tener oscuridad y miedo a mostrarla solo nos obliga a ser perfectos, y es una batalla perdida desde el primer día, porque realmente nunca lo vamos a ser.

3. Todo el mundo me abandona

La creencia de que tarde o temprano todos los que están en tu vida se van de tu lado puede deberse a diversos abandonos en la infancia, a la ausencia de progenitores o a la pérdida y aislamiento de amistades. Hay que tener cuidado con ella porque puede hacer que al mínimo problema con alguien, en vez de solucionarlo, actuemos como si fuese el final, provocándolo.

Esta creencia suele estar también muy relacionada con los celos, a los que nos dedicaremos más adelante. Pero lo primero, sé realista: no has conocido a «todo el mundo», así que ese «todo» sobra; y lo segundo, quizá en todo este tiempo hayas evolucionado muchísimo, y esa evolución que te está trayendo cambios en muchas áreas de tu vida también dará lugar a resultados diferentes en tus relaciones (relaciones que acaban o cambian). Recuerda el concepto en el que llevo insistiendo a lo largo de este capítulo sobre replantearnos nuestra historia cada cierto tiempo, para evitar estancarnos y vivir con veinte, treinta o cuarenta años limitados por la historia de cuando teníamos quince.

> **En cualquier caso, es imposible que entre tantos billones de personas ninguna se quede. Y si no me crees a mí, confía en las matemáticas.**

4. No soy bueno en el amor

Esta creencia, que limita a muchísima gente, me hace mucha gracia. Como si el amor fuese una asignatura universal o una ciencia exacta. Ser «buena» en el amor con un hombre maltratador y narcisista no es lo mismo que ser «buena» en el amor con un chico bueno y sano, ¿no? No hay una manera única de ser «buenos» ni de tener relaciones exitosas y satisfactorias (ojo, recuerda que el significado de esto dependerá del concepto de «éxito» y «satisfacción» que tú tengas, que quizá difiera del de los demás); solo hay pautas que podemos seguir para conseguir y conservar aquello que buscamos construir, pero ni siquiera esas pautas valen con todo el mundo.

Hay personas con las que siendo buenos es precisamente con las que fracasamos, porque no se dejan querer de forma sana: no saben amar pero tampoco ser amados. Por desgracia, como consecuencia de esto, hay gente que dice: «De tan bueno, soy tonto; a partir de ahora voy a ser peor», lo cual es un grave error. Que existan personas que no saben ser queridas ni acepten bien nuestro amor no quiere decir que nosotros seamos el problema y debamos cambiar, más bien al revés. Si tú has conseguido trabajar para ofrecer un amor sano, no debes permitir que las inseguridades y el «dolor» que proyectan otras personas sobre ti te cambien. Por ello, al principio del capítulo hacía referencia a que debes tener seguridad en la persona que eres, y en que tu autoconcepto y lo que aportas no penda de un hilo ni dependa de los demás por completo, porque de hacerlo, eres vulnerable a los pensamientos ajenos. Como se dice en la maravillosa peli *Las ventajas de ser un marginado*, que me cambió la adolescencia: «Aceptamos el amor que creemos merecer», y es totalmente cierto. Si tú no te admiras, te será muy difícil aceptar la admiración del otro o sentir que la mereces viniendo de alguien maravilloso. **Vales mucho tal y como eres ahora mismo.**

La buena noticia es que a querer siempre se puede aprender: eres ese árbol constantemente floreciendo en primavera, y eso te permite mejorar.
No eres ni bueno ni malo en el amor: estás aprendiendo como todos los que estamos en este mundo. Y este es un aprendizaje que nunca acaba.

El problema es que esta creencia muchas veces nos hace evitar las relaciones por anticipar que saldrán mal sin ni siquiera intentarlo. A veces hay personas con las que todo es muy fácil, como cuando montas en bici sobre una carretera recién asfaltada y recta; pero algo muy distinto es hacerlo campo a través por la maleza: en esencia, tú sigues siendo el mismo buen o mal conductor en ambos casos, pero **la experiencia es totalmente distinta**.

5. Todos (hombres y mujeres) son iguales

Mucho cuidado con esta creencia. Dicen que el peligro de no transitar correctamente la emoción de la decepción es quedarse estancado en el rencor.

La decepción es la reacción desagradable que experimentamos cuando nuestras expectativas ante algo no se cumplen, y la función de esta emoción es entender por qué los otros no han podido darnos lo que esperábamos, comprender que no todo en la vida es controlable y reajustar dichas expectativas para seguir adelante. Cuando este proceso no se lleva a cabo de manera adecuada podemos llegar a entrar en el rencor, generalizar una situación, trasladar nuestra creencia —construida a partir de lo vivido— a otras situaciones en las que no aplica y juzgar a las personas por errores ajenos.

Seas hombre o mujer, seguro que conoces a una persona, en cualquier ámbito, a la que consideras totalmente diferente a ti, aunque sea de tu mismo sexo.

¿Realmente te gustaría que os metieran en el mismo saco?

Es posible que siempre te fijes en el mismo tipo de hombre o de mujer, en tal caso, eso es lo que hay que revisar (y no el pensamiento de «Todo el mundo es igual a mis ex»).

Al final, si hemos vivido toda nuestra vida un tipo de vínculo concreto, con una serie de necesidades y dinámicas relacionales, inconscientemente vamos a buscar a gente con patrones similares, porque es así como evitamos salir de la zona de confort, pues eso nos da la sensación de hogar. Más adelante desarrollaremos este concepto, pero la clave está en la frase «Siempre elijo mal a las mujeres» o «Siempre elijo mal a los hombres» (que, por otro lado, no es una creencia tan equivocada, muchas veces pasa realmente).

TU PASADO RELACIONAL

Una cuestión importante que debes tener en cuenta antes de embarcarte en una relación son las rupturas recientes o pasadas. Como vengo diciendo a lo largo de este capítulo, revisar tu historia personal te ayudará a entender de dónde salen todas tus creencias para, en caso de ser necesario, poder reemplazarlas; por lo que será lógico y especialmente importante revisar tu pasado relacional, porque es desde allí de donde salen todas esas creencias disfuncionales sobre ti mismo a la hora de vincularte.

Existe la creencia generalizada de que si acabas de terminar una relación no puedes empezar otra, pero esto es totalmente falso, o, al menos, no es así en todas

las rupturas. Para empezar, debemos diferenciar entre tres tipos de rupturas y analizar nuestra situación en función de cuál sea la nuestra.

Ruptura tradicional

Esta es la ruptura que todos conocemos, en la que se sufre y se necesita un tiempo para la recuperación. Cabe resaltar que a pesar de que existe un duelo que no tiene consecuencias devastadoras para la vida de la persona, sí es lo duro como para dejarnos un tiempo «fuera de juego» en el plano relacional (es decir, dejar de conocer gente). Poco más voy a añadir sobre este tipo de ruptura, ya que todos podemos entender por qué es conveniente dejar un tiempo de reposo en este caso; además, normalmente el cuerpo te lo pide. Es importante ser conscientes de esto último, ya que muchas veces no escuchamos a nuestro cuerpo, pues estamos tan convencidos de que debemos superarlo y tan cegados por el dolor que intentamos pasar página a toda costa, forzando meter a alguien en nuestra vida cuando no toca o distrayéndonos con estímulos externos para evitar «sentir», de forma que el dolor nos alcanza cuando menos lo esperamos.

Me pasó con un paciente, Miguel, de unos veinticinco años, que había sufrido una ruptura hacía poco, pero como se había mudado a otro país estaba demasiado centrado en su supervivencia y en lo novedoso del ambiente, lo que le impedía conectar con su dolor. Al volver a casa por Navidad, me encontré con un Miguel completamente destrozado, lloroso, diciéndome que no entendía por qué al regresar se sentía tan triste. Recuerdo que yo le pregunté: «¿No acabas de romper tu relación hace dos meses?», a lo que él me contestó: «Así es, pero ya no estaba tan mal, no lo entiendo». El tema estaba claro: cuando tienes a tu familia cocinándote y no debes trabajar, puedes pasar tiempo contigo mismo y estar tranquilo, y es justo en esos momentos cuando no te queda más remedio que conectar con el cuerpo, que es sabio, por lo que también sabe cuándo tienes los recursos y el tiempo para afrontar lo que toca.

En los casos de **dependencia emocional** (en los que eres completamente incapaz de sentirte pleno y feliz sin alguien a tu lado), es normal saltar de una relación a otra con tal de no estar solo. Este tipo de relaciones se llaman «relaciones de transición», y son las que la gente tiene para evitar la soledad; pero en estos casos es imposible que funcionen, ya que nunca le das a alguien la verdadera oportunidad de llenar tu corazón. Con la siguiente historia verás por qué.

Leandro había salido de una relación hacía poco y se sentía totalmente devastado y perdido por la ruptura. Elena le había roto el corazón sin previo aviso. Pero un buen día, en clase de francés, conoció a Luna, una chica encantadora, buena, sensible y cariñosa (todo lo que —según él— no era su ex). Yo le dije que no le recomendaba empezar una relación con ella, porque no lo veía preparado, pero Leandro desoyó mi consejo y se lanzó a sus brazos sin transitar el duelo. De repente se sentía pletórico y feliz, así que dejó la terapia porque ya no necesitaba que lo acompañase a lidiar con la pérdida del vínculo con su ex.

Al cabo de unos meses volvió preocupado porque algo iba mal: me dijo que por mucho que creía que Luna era increíble, él no terminaba de sentir lo mismo que sentía por su antigua pareja. Estaba muy frustrado y no entendía por qué no podía quererla si lo merecía muchísimo más. **Ahí estaba la imposibilidad de amar como él quería.**

Hay una metáfora que siempre les cuento a mis pacientes para entender esto, que yo llamo la **metáfora del banquete emocional**. Piensa en tu comida favorita en este mundo. En mi caso es una pizza, al horno de piedra, con el queso bien derretido y caliente. Ahora imagina que acabas de tener una cena de Navidad, de esas suculentas con entrante, comida abundante y postre. Tras comer gambas, jamón y queso, cordero, pescado, sopa, tarta y polvorones, si te pusieran tu pizza favorita, ¿crees que podrías comértela? Seguro que sabrías apreciar lo bien hecha que está, lo bien que huele e incluso lo bonita que luce en el plato, pero si intentas comértela probablemente vomites o no puedas con más de medio trozo. No has hecho la digestión, necesitas unas horas para poder apreciarla y disfrutarla, ¿verdad? Pues lo mismo pasa cuando no hacemos la **digestión emocional** tras una ruptura.

No podemos embarcarnos en otra relación porque es difícil darle la oportunidad a otra persona de ser amada y ocupar un lugar importante. Ya estamos llenos, no hay espacio.

> **Solo el tiempo, la aceptación, el autocuidado y el cariño nos ayudarán a transitar las emociones asociadas a la pérdida. Este proceso será imprescindible para poder cerrar la herida correctamente y embarcarnos en una nueva relación.**

Ruptura anhelante

Este tipo de ruptura es la única en la que puedes comenzar otra relación tras haber terminado la anterior. En esencia, es aquella situación en la que llevas tiempo mentalmente mal con tu pareja y ya no puedes más, entonces realizas lo que se llama un preduelo durante la relación, que no es otra cosa que experimentar el duelo de la ruptura mientras aún estás en pareja. Cuando por fin superas ese duelo, si decides dejar la relación, ya no vas a pasar otra vez por lo mismo, será mucho más leve e incluso sentirás una sensación de alivio. En estos casos sí puede funcionar una nueva relación, ya que has superado completamente el vínculo anterior, y cuando tomas la decisión de dejarla es precisamente porque ya no sientes nada.

Ruptura traumática

Esta es la peor de todas las rupturas, ya que devasta totalmente a la persona en todos los ámbitos vitales, pues produce un dolor descarnado de magnitudes oceánicas que impide el desarrollo de nuevos vínculos durante un tiempo. El cuadro que se despierta tras una ruptura traumática es siempre similar, y las personas sufren de forma casi idéntica, siendo hasta dos años el tiempo normal de duelo, sin llegar a ser patológico. En cuanto al duelo de la persona a la que han dejado, se caracterizará por unas emociones muy intensas, acompañadas de un discurso y comportamiento coherente con lo que experimenta, que puede incluir una gran conmoción, aislamiento social, pérdida de sueño o apetito, discurso interno negativo, etc. Durante este tipo de ruptura está totalmente contraindicado empezar una nueva relación; de lo contrario, en caso de que se produzca una nueva pérdida del vínculo, el resultado será catastrófico.

Llegados a este punto te estarás preguntando qué tiene que pasar para que una ruptura sea traumática. **El hecho es que cualquier relación puede terminar en ruptura traumática, puesto que no depende tanto de las características de la persona sino más de la manera en la que se corta o se cierra el vínculo y los sentimientos asociados.** Aunque este no es un libro de rupturas sentimentales, y no voy a caracterizar el cuadro con sus síntomas en todas las áreas vitales, sí voy a comentar las tres condiciones concretas que tienen que darse sí o sí, siempre, para que una ruptura sea traumática. Se trata de la llamada **tríada** *sine qua non*, que aprendí de mi querida mentora Paz de Roda (gran amiga y una de las mayores expertas en rupturas sentimentales de este país, con la que he tenido la suerte de trabajar):

1. **Impredecibilidad de la ruptura.** Se da cuando la persona no se veía venir el hecho de ser abandonada por su pareja porque todo estaba bien. Las frases más comunes son: «Después de todo lo que hemos vivido, cómo no ha podido darme la oportunidad de solucionarlo ni arreglarlo», «Cómo puede rendirse así», «Lleva tiempo pensándolo, me ha engañado», «Ahora entiendo todo», «Qué egoísta», etc.

   La sensación es terrible porque la persona a la que han dejado siente que no puede controlarlo para nada. La decisión fue tomada de forma unilateral y sin que haya habido un espacio para la conversación, y los efectos pueden ser similares al trastorno de estrés postraumático, pues comparten muchos síntomas. La persona abandonada se siente indefensa y no puede hacer nada para cambiar la decisión del otro, por lo que vive esa situación como una imposición total sobre su vida que la cambia por completo. El problema es que este duelo puede ser incluso peor que el de la muerte de un ser querido, porque el ser querido no decide abandonarte, sino que fallece; sin embargo, tu compañero decide irse voluntariamente porque ya no te quiere. **Este golpe es devastador y supone una hecatombe en la vida de quien lo sufre.**

2. **Los planes de futuro.** Si habíamos construido toda una vida con una persona, teníamos ideas de viajes, mudanzas, hijos, sueños, etc., la ruptura inesperada se vuelve muchísimo más dolorosa. De repente tienes que seguir con tu vida, tus planes, y lo peor es que debes cambiarlos todos porque ya no está la persona con la que ibas a construirlos. Reconstruir tu vida y tus planes puede llevar mucho tiempo y requiere de muchísima aceptación intelectual y emocional, imagínate aún más si es con una nueva persona a la que estás conociendo.

3. **Intensidad amatoria. Cuanto mayor sea la intensidad de tus sentimientos hacia la otra persona, más posibilidades hay de que la experiencia de la ruptura sea traumática.** Lo importante aquí es aclarar que la intensidad amatoria no es directamente proporcional al tiempo que llevas en una relación, lo que equivale a decir que puedes sufrir muchísimo con alguien que has conocido hace cuatro meses, mientras que dejar una relación de ocho años puede ser más sencillo. Es decir,

todo depende del grado de amor que sientas en ese momento.

Si es la propia persona la que deja la relación, el duelo puede ser muy complicado también, pero no se suelen dar los componentes para producir una ruptura traumática (no hay impredecibilidad), salvo en los casos en los que todo vaya genial y la persona descubre a su pareja siendo infiel con otra persona, por ejemplo. En estos casos sí podrían entrar los tres componentes en juego, puesto que podías tener planes de futuro y una gran intensidad amatoria, y además no imaginarte para nada el hecho de que la relación fuese a terminar de forma repentina, aunque hayas sido tú quien tomó la decisión.

Además, si se da una infidelidad, o una situación similar en las que se produce una pérdida de la confianza, el dolor de la ruptura puede aumentar. La persona se consume, se puede volver celosa cuando nunca lo había sido, puede tener pensamientos obsesivos y rumiativos que es incapaz de controlar; también es posible que empiece a tener conductas tóxicas, como mirar el móvil de su pareja, revisar sus redes, acusarle de cosas irracionales o perseguirle de forma intensa. **En esos momentos, una relación de transición o puente podría destrozar a la tercera persona.** Hago hincapié en esto porque necesito no solo que lo entiendas, más aún si estás pasando por algo así, sino que puedas IDENTIFICAR si la persona que estás conociendo ha pasado por algo parecido. Creo que es importante protegerse, por ambos lados, de este tipo de rupturas, para conocer a una nueva persona sintiéndonos seguros.

Cuando empieces a conocer a alguien, te recomiendo que le preguntes cuándo ha salido de su última relación. En caso de que te diga que ha sido una ruptura reciente, es recomendable que preguntes si ha ocurrido hace menos de un año, y también si sigue transitando el duelo o sufriendo por ello. Si la persona te dice frases como «Ya está superado» y habla bien y tranquilamente de ello, puedes continuar tranquilo; pero si su respuesta es incómoda, pone mala cara y responde cosas como «No me apetece hablar de ello» o «Aún me duele», o se ve claramente enfadado (o cualquier otra emoción afín), es conveniente que estés alerta, pues es probable que no haya superado la historia con su ex.

Hay gente a la que le cuesta mucho hablar de su vida personal; pero cuando has superado una ruptura por completo y estás conociendo a alguien, llega un momento en el que se hace necesario tener una mínima conversación al respecto. No hace falta profundizar, pero si el otro no es capaz ni de tocar el tema, aun sabiendo que es importante, pregúntate el porqué.

Luego de leer todo esto, considero que ya puedes intuir si estás realmente listo para empezar una relación, tenga la forma que tenga, o, por el contrario, si aún arrastras cuestiones pendientes.

EPÍLOGO
REFLEXIONES FINALES SOBRE EL MARAVILLOSO ARTE DEL AMOR

A estas alturas del libro ya hemos recorrido mucho camino juntos, y espero que en estas reflexiones finales puedas poner en perspectiva todo lo que (ojalá) has aprendido sobre el amor y la construcción de los vínculos de pareja. Si has llegado hasta aquí, en primer lugar debo darte las gracias; luego, espero que hayas disfrutado mucho del aprendizaje. Para mí ha sido todo un honor acompañarte.

En estas últimas páginas me gustaría reflexionar desde un punto de vista algo más filosófico sobre el amor, y aportar ciertas ideas que espero que terminen de rematar algunos puntos clave o dudas que puedan haber quedado.

Hay un libro que me encanta, *El arte de amar* de Erich Fromm, en el que el autor nos habla de cómo la única manera en la que podemos aprender un arte es practicándolo. Estoy de acuerdo con Fromm, tanto es así que creo que cualquier persona que quiera aprender a amar o a ser amado a través de un libro está, de hecho, abocado a la frustración. Amar es algo muy complejo, y amar *bien* es algo que requiere muchísima dedicación, aprendizaje y trabajo personal; todo esto se consigue en la práctica y no basta solo con pensar en torno a ello. Es decir, el amor se siente y se vive.

Ahora que vas a salir al mundo real, que vas a ir en busca de esa relación y ese amor sincero, te recuerdo una de las premisas más importantes de este libro: no te centres tanto en ver qué te pueden dar los demás, céntrate más en ver qué puedes hacer tú por convertirte en alguien que aporte y ame de forma sana. Esto no se trata de olvidarte de tu bienestar ni permitir que te maltraten; **se trata de saber que lo único que sí depende de ti es trabajar en ti, mejorar y estar preparado para cuando la oportunidad llegue; lo demás es saber esperar y escoger con acierto.**

Quiero pensar que a estas alturas ya tienes, o estarás desarrollando, bastantes habilidades para ver qué tipo de persona te conviene y ya puedes identificar las *red flags*, las formas de manipulación existentes, el estilo de apego desde el que te sueles vincular y qué preguntas debes hacerte antes de dar el paso de explorar una relación. Por lo cual, en estas últimas líneas voy a centrarme en lo más importante: en ti.

Muchos psicólogos tienen la sensación, al acabar la carrera, de que no saben nada, de que por mucho que hayan estudiado no deben ponerse delante de un paciente, porque no son nadie para ayudar o no saben qué hacer (es algo tan común que te sorprendería).

En mi caso, no fui así. He dudado de muchas cosas en mi vida, pero si hay algo de lo que no dudo es de cuánto me he preparado. He trabajado duro y sé que todo el aprendizaje está ahí, lo sienta o no, y sé que mi inconsciente sabrá traerlo y ponerlo en práctica cuando sea necesario. **¿Por qué te cuento esto?**

Bueno, tú acabas de leer un libro entero con muchísima información, y quizá no te acuerdes de la diferencia entre *roaching* y *pocketing*, pero si lo has leído de manera consciente, te aseguro que tu subconsciente habrá avanzado mucho y sabrá identificar algunas problemáticas. Con esto te quiero decir que confíes más en ti y en tu criterio, porque, en el fondo, sabes elegir lo que te conviene mucho mejor de lo que crees; no porque tengas un don innato, sino porque has dedicado tiempo a prepararte y aprender. Y si lo has hecho, déjame decirte, amigo y amiga (porque creo que a estas alturas ya puedo llamarte así), que significa que te quieres mucho más de lo que piensas.

> **Alguien que no se quiere ni se valora no leería un libro para aprender a transitar adecuada y sanamente los vínculos. Si estás aquí, significa que llevas una buena parte del camino recorrido.**

A continuación, me gustaría recordarte unos cuantos puntos importantes, que espero que a estas alturas ya te suenen. Si es así, será una buena señal:

1. El amor romántico que nos han vendido toda la vida se basaba en las sensaciones —la química y lo que tu cuerpo te decía—, mientras que el amor saludable que hemos aprendido o estamos aprendiendo es **un equilibrio entre lo que sentimos y lo que sabemos que nos viene bien y nos hace felices**. Es decir, somos capaces de

permitirnos sentir y dejarnos llevar, pero equilibramos eso con nuestra razón, reflexión y amor propio.

2. El amor romántico nos ha hecho pensar que las relaciones que funcionan se basan en vivir por y para la otra persona (el clásico «juntos para siempre»). Pero la realidad es muy distinta: **las relaciones libres son las que nos permiten vivir y ser,** nos permiten tomar perspectiva para pensar en lo que queremos y lo que no, y también nos permiten valorar el tiempo juntos. Nos permiten tener relaciones externas que nos ofrecen patas para la mesa y nos aseguran que estamos con alguien porque queremos y no porque es lo único que nos sustenta. El aire nos permite respirar y —como dice Núria Jorba en su libro *Parejas imperfectas y felices*— nos permite como al fuego que la llama crezca con él, que se expanda y sea mucho más grande y fuerte.

3. El amor saludable nos ha enseñado que amar es **algo que debería ser seguro, compartido y basado en el respeto y la comunicación.** Por mucho que pensemos que sufrir más o sentir más celos significa amor real, ahora sabemos que esto no es más que una mentira para hacernos seguir en un lugar donde no hay confianza ni paz.

4. El amor es **aceptación**; y por ello en este libro he podido hablar de mi padre y de mis relaciones familiares, y de cómo a veces hay que aceptar al otro para poder pedirle que nos acepte a nosotros tal cual somos. Intentar cambiar al otro es agotador. La persona con la que estás no es un proyecto de fin de carrera, y tu objetivo no puede ser convertirlo en un novio perfecto. Debes amarle de la mejor manera posible, ayudarle a crecer si lo pide, pero sobre todo permitirle ser en su esencia.

5. También hemos aprendido que **estar con alguien es una decisión diaria y consciente**. Amar a alguien de forma sana es algo a lo que debemos dedicar tiempo cada día, sin dar por sentado que a la mañana siguiente todo seguirá igual que siempre, sin dar por sentado que estaremos juntos toda la vida. A veces, las relaciones duran lo que duran, y aunque una relación profunda requiere de trabajo, la vida pasa y las historias bonitas también acaban. Aquí lo importante es que te hayan hecho feliz y que tú hayas aportado tu parte mientras duró la relación.

6. Por último, quiero recordar que **el amor es algo global**, que con mi pareja tengo muchísimas facetas, como asignaturas del colegio, donde puntúo diferente en cada una, y luego hay una media global. Puede que vea a un chico que es más guapo para mí que mi novio, que sienta una gran atracción por él, una que hace tiempo no siento por mi pareja. Sin embargo, con ese chico no comparto hobbies, no tengo objetivos vitales similares, no entendemos las relaciones o fidelidad de la misma forma, no es tan honesto y sincero, y su personalidad no se parece en nada a la de mi novio, que le supera con creces.

Sé, por el trabajo que ambos hemos hecho juntos y el equipo que formamos, que nuestra relación no es tan frágil como para que cualquier persona que supere a mi pareja en algo concreto vaya a poner en peligro la relación que tenemos. Las personas no son perfectas y nadie va a tener un 10 en todas las facetas (ni tú, ni yo, ni nadie). Y dudo mucho que el chico que para mí tenga un 10 en el aspecto físico pueda superar todo lo que tengo con mi novio, porque hay miles de facetas donde hemos coincidido y sido compatibles para estar donde estamos. Seguramente, con ese físico de 10 no puede hacerme ni la mitad de feliz que mi pareja. Y también es importante tener en cuenta que lo que me parezca a mí de 10 no significa que a otra persona le parezca de la misma manera.

Hago hincapié en esto porque a veces valoramos el amor o el miedo a ser dejados basándonos en reduccionismos absurdos, a detalles pequeños. El amor es muy complejo y el de verdad se sustenta en miles de factores y facetas que hacen que **tú y tu pareja** (o las personas que participéis de la relación) **seáis un equipo precioso**. No se puede ser perfecto y no se puede ser el mejor en todo, pero eso no significa que no busques tener una relación preciosa ni tampoco que cualquiera con una cualidad positiva pueda poner en peligro tu relación. La vida es así: hay rupturas, desamores, desencuentros, y seguirá siendo así siempre, porque las relaciones humanas son un universo en sí mismo. Pero no por eso debemos perdernos la maravillosa experiencia de amar y ser amados, solo por todos los riesgos que esto entraña, por el miedo a perder nuestra estabilidad y sufrir. Y, si pasa, si ocurre que se desequilibra, recuerda la frase de la película *Come, reza, ama*: «Perder el equilibrio por amor es parte de una vida con equilibrio».

Mi querido lector, has sido mi acompañante durante este viaje y ha sido increíble compartir estas páginas contigo. Sinceramente, ahora voy a ponerme un poco emocional, pero me lo permito y creo que hasta me lo merezco (y a ti te toca leerme, porque no vas a dejar sin leer los últimos párrafo del libro, ¿no?).

Quiero contarte algo que no he compartido con mucha gente: durante muchos años de mi vida, me costó muchísimo comprender el amor; llegué a creer que no existía, que yo no era capaz de sentirlo, que solo me dañaría. Había vivido el divorcio de mis padres (muy duro, por cierto), había visto cómo se rompían muchas parejas a mi alrededor y sentía que mi manera de amar, al ser diferente, estaba condenada a no ser buena ni tan perfecta. Ni siquiera podía admirar la relación de mis abuelos al celebrar sus bodas de oro. Siempre veía fallos en todo y me frustraba no encontrar ningún modelo perfecto, como los de las películas, porque confundía la perfección con salud.

Después de unos cuantos años viendo a parejas romperse y reconciliarse cada día, de tratar rupturas e infidelidades, de enfrentarme a lo peor del amor en mi propia vida, mi perspectiva ha cambiado a todo lo contrario. El amor nunca será perfecto, quizá traiga muchos quebraderos de cabeza, y sí, a veces es muy difícil, arriesgado y hasta potencialmente peligroso si te lanzas. Pero la belleza de los seres humanos es que no somos máquinas, no somos robots, y nunca hemos sido perfectos. Y en esa imperfección, amigos y amigas, es donde está la *salud*, es donde está la *aceptación* y es donde está el *ser*. El amor es el principal motivo de consulta en mi clínica, pero también es la principal fuerza que mueve a florecer y cambiar. El amor es magia, el amor es poder para la transformación, es evolución y es crecimiento.

No puedo prometerte que después de leer este libro vayas a salir y conocer a uno de los grandes amores de tu vida; pero sí puedo prometerte que si tratas al gran amor de tu vida (a ti mismo) con todo el amor del mundo, y te dedicas cada día a aprender a quererlo mejor, vivirás plenamente feliz el proceso de vincularte con otro, sean cuales sean los tiempos que la vida tenga planificados para ti.

Acabo el libro con una frase que me encanta, de la película de *Prince of Persia*: «Muchas vidas están ligadas a través del tiempo, conectadas por una llamada ancestral que hace eco a través de los años..., algunos la llaman destino»; quiero creer que esa llamada nos ha unido en este libro.

Si *Tu camino hacia el amor* llegó a tus manos es porque en algún momento tuviste las mismas ganas y el mismo impulso que yo tuve por aprender y trabajar para ser una mejor persona con la que otros puedan construir un vínculo romántico saludable. Después de haberlo leído, no espero que salgas al mundo sabiéndolo todo ni siendo esa persona perfecta que a veces nos exigimos ser, en absoluto. En su lugar, estoy seguro de que vas a dar lo mejor de ti por intentar ser una opción sana para otros, y, sobre todo, creo que la gente que se encuentre contigo será afortunada de hacerlo. Ojalá nos veamos las caras algún día.

Con amor, Adrián.

AGRADECIMIENTOS

A todas las personas que me siguen en las redes sociales, vuestro apoyo y energía han sido fundamentales para llegar hasta este punto. Sin vosotros nada sería igual. Cada mensaje, comentario y gesto ha sido una motivación constante que me ha recordado el valor de lo que compartimos juntos.

A mis grandes amores del pasado, tanto los buenos como los difíciles, gracias por las lecciones aprendidas en cada etapa. Los momentos de amor, dolor y crecimiento han moldeado la persona que soy hoy, han dado vida a las palabras que escribo y me han permitido ayudar a mucha gente durante mi viaje de vida.

A mi editora, Cristina, por ser paciente y apoyarme en cada día del proceso, incluso en los que yo no confiaba en mí.

A todas las personas que me encontré durante mis viajes, por cada conversación, cada noche invertida viendo las estrellas y reflexionando sobre la vida, gracias.

A mis amigos y mi familia, a quienes siempre están ahí para cuidarme y acompañarme, os debo todo mi agradecimiento. Vuestra presencia me da fuerzas y me recuerda que en medio de todo este barullo social —en el que mucha gente te reconoce, pero poca gente te conoce— nunca estamos realmente solos.

Y a mí mismo, porque ha sido un viaje muy duro, lleno de heridas y cicatrices: querido compañero, nunca me has abandonado.

Escribí este libro en más de quince países distintos, y ahora es tanto mío como tuyo. Gracias por formar parte de este viaje.

BIBLIOGRAFÍA

Ainsworth, M. D. S., M. C. Blehar, E. Waters, y S. Wall, *Patterns of Attachment: A Psychological Study of the Strange Situation*, Lawrence Erlbaum, 1978.

Alpañés, E., «La "gamificación" del amor: de cómo las "apps" de citas han convertido la búsqueda de pareja en un juego adictivo», *El País*, 2022, <https://elpais.com/estilo-de-vida/2022-08-25/la-gamificacion-del-amor-de-como-las-apps-han-convertido-la-busqueda-de-pareja-en-un-juego-adictivo.html>.

Ávila-Claudio, R., «Qué es el "breadcrumbing", las migajas emocionales que algunas personas usan como método para manipular», BBC, 2023, <https://www.bbc.com/mundo/articles/c4n850q4eq9o>.

Beck, A. T., *Cognitive Therapy and the Emotional Disorders*, Penguin Books, 1976.

— y D. A. Clark, *Terapia cognitiva para trastornos de ansiedad*, Desclée De Brouwer, 2012.

Benson, H., «Relative strangers: The importance of social capital for marriage», Marriage Foundation, 2021, <https://marriagefoundation.org.uk/research/relative-strangers-the-importance-of-social-capital-for-marriage/>.

Bowlby, J., *Attachment and Loss: Attachment*, vol. 1, Basic Books, 1969.

— *Attachment and Loss: Separation, Anxiety and Anger*, vol. 2, Basic Books, 1973.

— *Attachment and Loss: Loss, Sadness and Depression*, vol. 3, Basic Books, 1980.

Brainlang, «¿Qué es ghosting, benching o curving? Guía para sobrevivir en Tinder», (s. f.), <https://www.brainlang.com/blog/que-es-ghosting-benching-curving.html>.

Castelló Blasco, J., *Dependencia emocional: características, diagnóstico y tratamiento*, Paidós, 2005.

Carballo, T., «Qué es el "negging": la nueva tendencia en España para relacionarse que preocupa a las personas solteras», *El Español*, 2024, <https://www.elespanol.com/mujer/estilo-vida/20240707/negging-nueva-tendencia-espana-relacionarse-preocupa-personas-solteras/867913463_0.html>.

Dalmases, A. «La situación extraña: una técnica para evaluar el apego infantil», *Psicología y Mente*, 2017, <https://psicologiaymente.com/desarrollo/situacion-extrana-tecnica-evaluar-apego-infantil>.

De Roda, P., monográfico de formación en ruptura traumática, 2023.

Dyer, W. W., *El poder de la intención. Aprende a usar tu intención para construir una vida plena y feliz*, DeBolsillo, 2004.

Ellis, P., «You might be "Fleabagging" and not even know it», *Men's Health*, 2020, <https://www.menshealth.com/sex-women/a34042038/fleabagging-dating-definition>.

Escuela Internacional de Mediación, «La importancia del apego infantil en la vida adulta», 2022, <https://eimediacion.edu.es/noticias-eim-menores/apego-infantil-vida-adulta/>.

Fromm, E., *El arte de amar*, Paidós, 2017.

Garrido, P., «¿Qué es el "orbiting", la nueva práctica en las relaciones?: "Te da 'me gustas' pero no te habla"», *La Razón*, 2023, <https://www.larazon.es/sociedad/que-orbiting-nueva-practica-relaciones-gustas-pero-habla_2023111665563afeb276150001b743f5.html>.

Gómez Zapiain, J., *Apego y sexualidad: el vínculo erótico en el desarrollo humano*, Desclée De Brouwer, 2017.

González, A., *Entender y evaluar el apego*, Desclée De Brouwer, 2017.

González, P., «Curving, la nueva forma de ligar que es peor que el ghosting», *GQ*, 2018, <https://www.revistagq.com/noticias/sexo/articulos/que-es-el-curving-la-nueva-tendencia-de-citas/31728>.

— «Roaching: la tendencia de citas que es una enorme Red Flags y debes evitar», *GQ*, 2024, <https://www.gq.com.mx/articulo/roaching-tendencia-de-citas-red-flag-que-es-senales>.

Gouin, J. P., et al., «Supportive and non-supportive social interactions predict pain sensitivity to cold pressor pain», *Annals of Behavioral Medicine*, 44(1), 51-61, 2012.

Gutiérrez, I., «¿Qué es el cookie jarring? Descubre si está sucediendo en tu pareja», *Vanitatis*, 2023, <https://www.vanitatis.elconfidencial.com/vida-saludable/2023-08-10/que-es-cookie-jarring-reconocerlo-pareja_3627614/>.

Hayes, S. C., K. Strosahl, y K. G. Wilson, *Acceptance and Commitment Therapy: An Experiential Approach to Behavior Change*, Guilford Press, 1999.

Hazan, C., y P. Shaver, «Romantic love conceptualized as an attachment process», *Journal of Personality and Social Psychology*, 52(3), 511-524, 1987, <https://doi.org/10.1037/0022-3514.52.3.511>.

Hidalgo Torres, R., «La teoría del apego: qué es, postulados, aplicaciones y trastornos», *NeuronUp*, 2023, <https://neuronup.com/neurociencia/neuropsicologia/la-teoria-del-apego-que-es-postulados-aplicaciones-y-trastornos/>.

Jorba, N., *Parejas imperfectas y felices*, Arpa, 2022.

Kok, B. E., *et al.*, «How positive emotions build physical health: Perceived positive social connections account for the upward spiral between positive emotions and vagal tone», *Psychological Science*, 24(7), 1123-1132, 2013, <https://doi.org/10.1177/0956797612470827>.

Levine, A., y R. Heller, *Maneras de amar*, Urano, 2023.

Llano, A., «"Body count": qué significa el término machista que se ha viralizado», *El Español*, 2022, <https://www.elespanol.com/mujer/actualidad/20221130/body-count-significa-termino-machista-viralizado/722178141_0.html>.

— «"Fleabagging" o por qué siempre te enamoras de la persona equivocada», *El Español*, 2022, <https://www.elespanol.com/mujer/actualidad/20221013/sientes-siempre-acercas-persona-equivocada-podrias-fleabagging/709929124_0.html>.

Mates-Youngman, K., *Couples Therapy Workbook: 30 Guided Conversations to Re-Connect Relationships*, PESI Publishing, 2014.

Poole Heller, D., *El poder del apego*, Sirio, 2022.

Prendergast, C., «Forbes health survey: 79 % of gen Z report dating app burnout», *Forbes Health*, 2024, <https://www.forbes.com/health/dating/dating-app-fatigue/>.

Raya, C., «7 casos en los que hacer ghosting es aceptable (y necesario)», *Esquire*, 2023, <https://www.esquire.com/es/sexo/a44717407/hacer-ghosting-cuando-es-aceptable/>.

Requena, A., «De la honra al "body count": el lenguaje cambia pero siempre señala a las mujeres que tienen tanto sexo como quieren», *El Diario*, 2024, <https://www.eldiario.es/sociedad/honra-body-count-lenguaje-cambia-senala-mujeres-sexo-quieren_129_11430433.html>.

Rosenfeld, M. J., Thomas, R. J., y S. Hausen, «Disintermediating your friends: How online dating in the United States displaces other ways of meeting», *Proceedings of the National Academy of Sciences*, 116(36), 17753-17758, 2019, <https://doi.org/10.1073/pnas.1908630116>.

Shashkevich, A., «Meeting online has become the most popular way U.S. couples connect, Stanford sociologist finds», *Stanford Report*, 2019, <https://news.stanford.edu/stories/2019/08/online-dating-popular-way-u-s-couples-meet>.

Sinclair, L., «From "dawn dating" to "cookie jarring" these are the 32 dating terms you need to know», *Stylist*, 2021, <https://www.stylist.co.uk/relationships/dating-love/dating-app-terms-trends-bumble-badoo/622419>.

Sternberg, R. J., «A balance theory of wisdom», *Review of General Psychology*, 2(4), 347-365, 1998, <https://doi.org/10.1037/1089-2680.2.4.347>.

— «A triangular theory of love», *Psychological Review*, 93(2), 119-135, 1986, <https://doi.org/10.1037/0033-295X.93.2.119>.

Uzzo, C., «Qué es el "cushioning", la nueva (vieja) tendencia que debes evitar a toda costa si no quieres que te lo hagan a ti», *GQ*, 2019, <https://www.revistagq.com/noticias/articulo/que-es-el-cushioning-tendencia-pareja-ligar>.

Valdés, I., «Glossary of toxic dating tactics from banksying to zombieing», *El País* (en inglés), 2022, <https://english.elpais.com/society/2022-04-30/glossary-of-toxic-dating-tactics-from-banksying-to-zombieing.html>.

Vara, L. G., «¿Sabes lo que es el whelming? El nuevo método para ligar que debe activar tus red flags», *Vanitatis*, 2023, <https://www.vanitatis.elconfidencial.com/vida-saludable/2023-11-21/whelming-metodo-para-ligar-alarmas-red-flgs-pareja_3775736/#:~:text='Whelming'%20significa%20abrumado%20y%20se,que%20ha%20obtenido%20ese%20d%C3%ADa>.

Wikipedia, «Luz de gas», 2024, <https://es.wikipedia.org/wiki/Luz_de_gas_(manipulaci%C3%B3n)#:~:text=Luz%20de%20gas%E2%80%8B%E2%80%8B,alguien%20cuestionar%20su%20propia%20realidad>.

Winnicott, D., *El proceso de maduración en el niño: estudios para una teoría del desarrollo emocional*, Laia, 1979.

Wu, K., «Love, Actually: The science behind lust, attraction, and companionship», SITN, Harvard Kenneth C. Griffin - Graduate School of Arts and Sciences, 2017, <https://sitn.hms.harvard.edu/flash/2017/love-actually-science-behind-lust-attraction-companionship/>.